羽翼六经　增光孔氏

万卷出版公司

离娄章句下（承前卷）

原文

孟子曰：『仲尼不为已甚者。』

译文

孟子说：『孔子不做过头的事。』

原文

孟子曰：『大人者，言不必信，行不必果，惟义所在。』

译文

孟子说：『作为有道德修养的君子，讲的话不一定句句守信，做的事不一定件件果断彻底，只看怎样说怎样做更为合适。』

原文

孟子曰：『大人者，不失其赤子之心者也。』

译文

孟子说：『所谓大人，就是没有失去他那爱老百姓如同爱婴儿一样的心的人。』

原文

孟子曰：『养生者不足以当大事，惟送死可以当大事。』

译文

孟子说：『生前奉养父母不能算作是大事，只有死后给他们办好丧事才称得上是大事。』

原文

孟子曰：『君子深造之以道，欲其自得之也。自得之，则居之安；居之安，则资之深；资之深，则取之左右逢其原。故君子欲其自得之也。』

译文

孟子说：『君子沿着正确的路子对学问进行高深的造诣，目的就是要使自己自觉地得到学问。自己自觉地求得的学问，就能心安理得地坚守它；能心安理得地坚守它，日积月累，就能积蓄深广；积蓄深广，便能随心所欲，取之不尽，用之不竭，左右逢源，所以君子贵在自己自觉地求得学问。』

原文

孟子曰：『博学而详说之，将以反说约也。』

译文

孟子说：『广泛地学习，详尽地解说，目的是要（达到融会贯通，）回到最简明最扼要的地步。』

原文

孟子曰：『以善服人者，未有能服人者也；以善养人，然后能服天下。天下不心服而王者，未之有也。』

译文

孟子说：『拿自己的长处去折服别人，没有人肯折服的；拿自己的长处去教育帮助别人，（使别人也

西河返驾

孔子想去晋国参政，到黄河边就听说晋国贤人被害。孔子对着河水叹息，认为过河是不义之举，于是折返。

能获得这些长处，）然后才能叫天下的人心服。天下的人不归心而能够统一天下的，是绝对不会有的事。」

原文

孟子曰：「言无实不祥。不祥之实，蔽贤者当之。」

译文

孟子说：「言语没有有实际内容而不好的。只有那些阻碍进用贤者的人，才是不好的哩。」

原文

徐子曰：「仲尼亟称于水，曰『水哉！水哉！』何取于水也？」

孟子曰：「原泉混混，不舍昼夜，盈科而后进，放乎四海。有本者如是，是之取尔。苟为无本，七八月之间雨集，沟浍皆盈，其涸也，可立而待也。故声闻过情，君子耻之。」

译文

徐辟说：「孔子曾多次赞美水道：『水啊，水啊！』请问他对于水取的是什么呢？」

孟子说：「有本有源的泉水滚滚奔流，不分白天黑夜，注满空坑后又继续前进，一直到达大海。凡是做事重视本体的便是这样，孔子所取的不过是这一点罢了。如果是无本无源，就像七八月间大雨滂沱，一下子沟沟洼洼水都满了，可是它的干涸却不必等待多久的时间。所以声誉如果超过了实际，（就像无源之水，表面上一时浩浩荡荡，）有道德的君子常把它看做是一种耻辱。』

原文

孟子曰：『人之所以异于禽兽者几希，庶民去之，君子存之。舜明于庶物，察于人伦，由仁义行，非行仁义也。』

译文

孟子说：『人类所赖以区别于禽兽的地方很少，（对于这很少的区别）一般老百姓抛弃它，君子保存了它。舜对于众多事物的道理能明了，对于人们的常情能洞察，所以他能很自然地走上仁义的道路，而不是勉强地去行仁义。』

原文

孟子曰：『禹恶旨酒而好善言。汤执中，立贤无方。文王视民如伤，望道而未之见。武王不泄迩，不忘远。周公思兼三王，以施四事；其有不合者，仰而思之，夜以继日；幸而得之，坐以待旦。』

译文

孟子说：『夏禹讨厌人家进献美酒，却爱听有益的话。商汤坚持中正之道，但起用贤人却能通权达变，打破常规。周文王看待老百姓，就像他们受了伤一样，（百般抚慰。）分明已接触到了道，却好像还没有看到一样，（追求不懈。）周武王不轻慢常在身边的近臣，也不忘怀散在他方的远臣。周公常常想要兼学夏、商、

周文王陵

周文王仁义远播，后世君子皆尊崇。文王的陵墓也被人视作神圣之地，不可侵犯。

周三代的贤王，来实践禹、汤、文、武四位君主所开创的业绩；遇到有与他们不合的地方，便仰起头细加思考，不分白天黑夜；一旦豁然贯通，便兴奋得坐着等待天亮（好立即拿去实行）。』

原文

孟子曰：『王者之迹熄而《诗》亡，《诗》亡然后《春秋》① 作。晋之《乘》，楚之《梼杌》，鲁之《春秋》，一也。其事则齐桓、晋文，其文则史。孔子曰：「其义则丘窃取之矣。」』

注释

①《春秋》：各国史书的通称。又，相传孔子依据鲁国史官所编《春秋》，加以整理修订而成编年体鲁《春秋》。据上下文，这里的《春秋》似指前者。

译文

孟子说：『圣王采诗的盛举废止了，《诗》就亡失了，《诗》亡失了，然后孔子的《春秋》便产生了。晋国的《乘》，楚国的《梼杌》，鲁国的《春秋》，都是一样的史书，（不过名称各自不同罢了。）它所记的史事不过是齐桓、晋文图霸之类，它们的文字也只是一般史书的笔法。孔子说：「（我作的《春秋》异乎上述那些史书的地方在于：）《诗》三百篇褒善贬恶的微言大义，我个人在作《春秋》时便借用过来了。』」

原文

孟子曰：『君子之泽五世而斩，小人之泽五世而斩。予未得为孔子徒也，予私淑诸人也。』

译文

孟子说：『在朝圣贤的流风余韵过了五代便衰竭了；在野圣贤的流风余韵也是过了五代便衰竭了。我没有赶上当孔子的学生，我是暗地里向别人学取（孔子之道）的。』

原文

孟子曰：『可以取，可以无取，取伤廉；可以与，可以无与，与伤惠；可以死，可以无死，死伤勇。』

译文

孟子：『可以取，也可以不取，取了有损于廉洁的称号，（当然以不取为合适；）可以给，也可以不给，给了有损于惠爱的称号，（还是以不给为合适；）可以死，也可以不死，死了有损于勇敢的称号（也应该以不死为合适）。』

原文

逢蒙[①]学射于羿[②]，尽羿之道，思天下惟羿为愈己，于是杀羿。孟子曰：『是亦羿有罪焉。』

公明仪曰：『宜若无罪焉。』

曰：『薄乎云尔，恶得无罪？郑人使子濯孺子侵卫，卫使庾公之斯追之。子濯孺子[③]曰：「今日我疾作，不可以执弓，吾死矣夫！」问其仆曰：「追我者谁也？」其仆曰：「庾公之斯[④]也。」曰：「吾生矣。」其

羿射河伯

后羿传说是夏王朝东夷族有穷氏的首领，善于射箭。神话中后羿之箭连射天上九个太阳，是天下第一神箭手。

仆曰："庚公之斯，卫之善射者也，夫子曰吾生，何谓也？"曰："庚公之斯学射于尹公之他，尹公之他学射于我。夫尹公之他⑤，端人也，其取友必端矣。"庚公之斯至，曰："夫子何为不执弓？"曰："今日我疾作，不可以执弓。"曰："小人学射于尹公之他，尹公之他学射于夫子。我不忍以夫子之道反害夫子。虽然，今日之事，君事也，我不敢废。"抽矢，扣轮，去其金，发乘矢⑥而后反。"

注释

①逢蒙：羿的学生和家众，后来叛变，帮助有穷国的相寒浞杀死了羿。②羿：传说是古代有穷国的国君，以善射闻名。③子濯孺子：郑国大夫。④庚公之斯：卫国大夫。⑤尹公之他：卫国人。⑥乘矢：四支箭。

译文

逢蒙跟后羿学习射箭，完全掌握了后羿的射箭技巧，他心想天下只有后羿一人的射艺超过自己，所以就杀害了后羿。孟子（对这件事评论）道："这件事后羿本身也有过错。"

公明仪说："（后羿）似乎没有过错吧。"

孟子说："不过轻一点罢了，怎么能说没有过错呢？郑国有次派遣子濯孺子侵犯卫国，卫国打发庾公之斯追赶他。子濯孺子说：「今天我的病发了，拿不起弓来，我怕要死了呢！」他问驾车的人道：「追赶我的是谁？」驾车的人说：「是庾公之斯。」子濯孺子说：「我可以活命了。」驾车的人说：「庾公之斯是卫国很会射箭的人；您却说我可以活命了，这是什么意思呢？」子濯孺子说：「庾公之斯是在尹公之他那里学射箭的，尹公之他曾经向我学习射箭。尹公之他是个正派人，他选取的学生一定也是正派的。」庾公之斯追到了，问道：「您为什么不拿起弓来呢？」答道：「今天我的病发了，拿不起弓来。」庾公之斯说：「我向尹公之他学射箭，尹公之他又曾向您学射箭。我不忍心拿您传授的技艺反转来伤害您。但是，今天的事情，是国家的公事，我不敢完全撤下。」于是抽出箭来在车轮子上敲打，把金属箭头敲掉，一连发射发四支箭便回身走了。』

原文

孟子曰：『西子[1]蒙不洁，则人皆掩鼻而过之；虽有恶[2]人，齐戒沐浴，则可以祀上帝。』

注释

①西子：指春秋时越国美女西施，这里以她代指美女。②恶：这里与『西子』相对，主要指丑陋。

译文

孟子说：『美女西施要是沾上一身污秽，人们都要掩着鼻孔走过她的身旁；尽管有个面貌奇丑的人，假使他诚心吃素，清洁自好，也可以让他去祭祀上帝。』

孟子曰：『天下之言性也，则故而已矣。故者以利为本。所恶于智者，为其凿也。如智者若禹之行水也，

则无恶于智矣。禹之行水也，行其所无事也。如智者亦行其所无事，则智亦大矣。天之高也，星辰之远也，苟求其故，千岁之日至，可坐而致也。』

孟子说：『天下的人讲论人性，只要按它的本来面目就可以了。按它的本来面目谈必须以顺乎自然为基础。对于那些自认聪明的人，我们之所以感到讨厌，就因为这种聪明人很容易陷于穿凿附会。如果聪明人像大禹使水运行一样，那么对于聪明就用不着厌恶了。大禹的使水运行，（因势利导，不加穿凿，）做得不露一点痕迹。如果聪明人也能（按它的本来面目讲论人性，）做得不露痕迹，那么聪明的作用也就可算是大了。天虽然很高，星辰虽然很远，只要能用心寻求它运行的本来面目，即使千年以后的冬至，也是可坐在家里运算得出的。』

公行子[1]有子之丧，右师往吊。入门，有进而与右师言者，有就右师之位而与右师言者。孟子不与右师言，右师不悦，曰：『诸君子皆与驩言，孟子独不与驩言，是简驩也。』

孟子闻之，曰：『礼，朝廷不历位而相与言，不逾阶而相揖也。我欲行礼，子敖以我为简，不亦异乎？』

注释

①公行子：齐国大夫。右师：官名，这里指王驩。王驩，字子敖。

译文

公行子有大儿子的丧事，右师到他家去作吊，右师一进门，立即就有人迎上去跟他说话的，也有人（在

他就坐后）跑到他的坐位旁边和他攀谈的。孟子没有和他拉话，右师不满地说：『诸位大夫都跟我说话，只有孟子不跟我说话，这是（有意）慢待我。』

孟子知道这件事后，说：『按照礼节，在朝廷上不跨越位子去跟别人说话，不走过阶前跟你打拱。我是想按礼节行事，子敖却认为我是（有意）简慢，这不是怪事吗？』

原文

孟子曰：『君子所以异于人者，以其存心也。君子以仁存心，以礼存心。仁者爱人，有礼者敬人。爱人者，人恒爱之；敬人者，人恒敬之。有人于此，其待我以横逆①，则君子必自反也：我必不仁也，必无礼也，此物奚宜至哉？其自反而仁矣，自反而有礼矣，其横逆由是也；君子必自反也：我必不忠。自反而忠矣，其横逆由是也。君子曰：「此亦妄人也已矣，如此，则与禽兽奚择哉？于禽兽又何难焉？」是故君子有终身之忧，无一朝之患也。乃若所忧则有之：舜，人也；我，亦人也。舜为法于天下，可传于世后，我由未免为乡人也，是则可忧也。忧之如何？如舜而已矣。若夫君子所患则亡矣。非仁无为也，非礼无行也。如有一朝之患，则君子不患矣。』

注释

①横逆：粗暴蛮横。

译文

孟子说：『君子可以用来区别于一般人的，就在于他的居心。君子居心于仁，居心于礼。仁爱的人慈爱别人，有礼的人尊敬别人；慈爱别人的人，别人也常常慈爱他，尊敬别人的人，别人也常常尊敬他。在

这里有个人，他用蛮横无理的行为对待我，那么作为君子便一定会反躬自问：我一定是不仁，一定是无礼，不然的话，这样的事怎么会发生呢？要是自问做到了仁，自问做到了有礼，而那个人（对我）还是这样横蛮，君子一定再反躬自问：一定是我（对人）不忠。要是自问做到忠心耿耿，而那个人横蛮如故，那君子只好说：『这个不过是狂妄无知的人罢了，像这样，那他跟禽兽又有什么区别呢？对于禽兽又责难（他）什么呢？』所以君子有终生终世的忧虑，没有突然而来的祸患。至于他所忧虑的事就有这些：舜，是人，我也是人；舜能在天下成为榜样，而且可以流传到后世，而我还不免是个普通的人，这就是可忧虑的事。忧虑又怎么办呢？一定要做到像舜一个样。至于君子所担心的祸患却是没有的。不仁的事不做，无礼的举动不发生。（这样，）如有什么横祸飞来，君子也并不把它看做是令人难堪的事，（因为它并不是自己招来的。）』

原文

禹、稷当平世，三过其门而不入，孔子贤之。颜子当乱世，居于陋巷，一箪食，一瓢饮，人不堪其忧，颜子不改其乐，孔子贤之。

孟子曰：『禹、稷、颜回同道。禹思天下有溺者，由己溺之；稷思天下有饥者，由己饥之也，是以如是其急也。禹、稷、颜子易地则皆然。今有同室之人斗者，救之，虽被发缨冠而救之，可也；乡邻有斗者，被发缨冠[1]而往救之，则惑也，虽闭户可也。』

注释

①被发缨冠：古人戴帽子要先束发，然后用簪子把帽子固定在头发上，再系好帽带。披散着头发戴帽，这里是形容情况紧急，来不及像正常时那样戴帽子。

后稷

古代周族的始祖，善于种植各种粮食作物，曾在尧舜时代当农官，教民耕种，被认为是开始种稷和麦的人。

译文

禹和稷处在太平时代，（他们急百姓之急，）三次经过自家门口也不进去（看看家人），孔子心里十分赞许他们。颜子生当乱世，住在狭小的巷子里，一小篓饭，一瓢子水，人们谁也受不了这样的苦生活，颜子却并不改变他内心的快乐，孔子心里同样赞许他。

孟子（对此评论）道：『禹、稷和颜回（行事尽管不同，但）走的却是一条道路。禹心想天下要是还有蒙受洪水之灾的，就像是自己把他们推进水里一样；稷心想天下要是还有没饭吃的，就像是自己让他们饿肚皮一样，所以他们对解除百姓痛苦的工作会抓得这样紧。禹、稷和颜回要是互换一下地位，便都会像对方在他们原来的岗位上所做的一样。现在假定同房子的人有互相斗殴的，那就一定要去救他们，那怕是披头散发连帽上的带子也来不及系在脖子上，就那么匆匆忙忙地连同帽子一起戴在头上赶去救他们也是行得通的。（禹、稷急百姓之急便正像这样）要是邻居人家互相发生斗殴，也这样赶去劝阻，那就未免太糊涂了，那怕是关起门来不管也是可以的。（颜回居陋巷闭门读书，自得其乐便正像这样。）』

原文

公都子曰：『匡章，通国皆称不孝焉，夫子与之游，又从而礼貌之，敢问何也？』

孟子曰：『世俗所谓不孝者五：惰其四支，不顾父母之养，一不孝也；博弈好饮酒，不顾父母之养，二不孝也；好货财，私妻子，不顾父母之养，三不孝也；从耳目之欲，以为父母戮，四不孝也；好勇斗很，以危父母，五不孝也。章子有一于是乎？夫章子，子父责善而不相遇也。责善，朋友之道也；父子责善，贼恩之大者。夫章子，岂不欲有夫妻子母之属哉？为得罪于父，不得近，出妻屏子，终身不养焉。其设心以为不若是，是则罪之大者，是则章子而已矣。』

公都子说：『匡章这个人，全国人都说他不孝，您却跟他交游，并且对他相当敬重，请问这是什么原因？』

孟子答道：『世俗认为不孝的事情有五种：四体不勤，不顾对父母的奉养，是一不孝；嗜好下棋饮酒，不顾对父母的奉养，是二不孝；贪好钱财，偏爱自己的老婆孩子，不顾对父母的奉养，是三不孝；放纵声色以至于犯罪，使父母蒙受耻辱，是四不孝；专逞血气之勇，喜欢与人格斗，以至连累父母有遭受刑戮的危险，是五不孝。章子在这五项中有一项吗？章子这个人不过是由于父子之间，相责为善，把父子关系弄僵了罢了。相责为善，本是朋友相处应做的事；父子之间相责为善，这是最容易伤害感情的事儿。章子难道不想有夫妻子母的天伦之乐吗？因为得罪了父亲，不得和他接近，自己只好赶走老婆，疏远儿子，终身不受他们的侍养。他的设想认为不这样做，就是最大的罪过，这就是章子的为人吧。』

原文

曾子居武城，有越寇。或曰：『寇至，盍去诸？』曰：『无寓人于我室，毁伤其薪木。』寇退，则曰：『修我墙屋，我将反。』寇退，曾子反。左右曰：『待先生如此其忠且敬也，寇至，则先去以为民望；寇退，则反，殆于不可。』沈犹行[1]曰：『是非汝所知也。昔沈犹有负刍[2]之祸，从先生者七十人，未有与焉。』

子思[3]居于卫，有齐寇。或曰：『寇至，盍去诸？』子思曰：『如伋去，君谁与守？』

孟子曰：『曾子、子思同道。曾子，师也，父兄也；子思，臣也，微也。曾子、子思易地则皆然。』

注释

①沈犹行：曾子弟子，姓沈犹，名行。②负刍：人名，或说是背柴草的人。③子思：孔子之孙，名伋。

译文

曾子住在武城，碰上越国军队来进犯。有的人对曾子说：『敌兵就要到了为什么不早点离开这里呢？』（曾子同意了，临走时叮嘱看房子的人）说：『不要让别人住进我的房子里，损伤那里的树木。』敌兵退走了，就又捎回口信说：『把我住房的墙屋修理好吧，我要回来了。』敌兵退走了，曾子回来了。他身边的人议论说：『武城的大夫对待先生是这样的忠诚和恭敬，一旦敌兵到了，就先离去使百姓看着先生的样学；敌人退走了，先生就回来了，（这样做）恐怕是不大好吧。』沈犹行听了说：『这样的事不是你们所能了解的。从前（先生住在我们姓沈犹的那里，）恰好有个名叫负刍的人制造乱子，当时跟随先生的七十个人，没有一人过问这件事的。』

子思住在卫国，齐国军队来进犯。有的人对子思说：『敌兵就要到了，为什么不离开这里呢？』子思回答道：『要是我走了，卫君跟谁一起守城呢？』

孟子（对这两件事发表评论）道：『曾子、子思所走的同是一条正确的道路。曾子是师长，是父兄一辈的人；子思是臣子，是地位低下的人。他们两人如果互换一下地位，也都是会这样做的。』

原文

储子[1]曰：『王使人瞷夫子，果有以异于人乎？』

孟子曰：『何以异于人哉？尧舜与人同耳。』

注释

①储子：齐国人，曾任齐相。

译文

储子说：『王打发人窥看您，果然有跟别人不同的地方么？』

孟子说：『有什么跟别人不同的地方呢？尧舜跟别人也是一样的哩。』

原文

齐人有一妻一妾而处室者。其良人出，则必餍酒肉而后反。其妻问所与饮食者，则尽富贵也。其妻告其妾曰：『良人出，则必餍酒肉而后反；问其与饮食者，尽富贵也，而未尝有显者来，吾将瞷良人之所之。』

蚤起，施从良人之所之，遍国中无与立谈者。卒之东郭墦间，之祭者，乞其余；不足，又顾而之他——此其为餍足之道也。其妻归，告其妾，曰：『良人者，所仰望而终身也，今若此！』与其妾讪其良人，而相泣于中庭。而良人未之知也，施施从外来，骄其妻妾。

由君子观之，则人之所以求富贵利达者，其妻妾不羞也，而不相泣者，几希矣。

译文

齐国有个有一妻一妾的人家，她们的丈夫每次外出，就一定要吃饱酒肉才回来。他的妻子问跟他一道喝酒吃饭的是些什么人，就说都是有钱有地位的人。他的妻子告诉他的小老婆说：『丈夫外出，一定要酒醉饭饱之后才会回来；问跟他一道饮酒吃饭的人，个个都是有钱有地位的人，可是，从来不曾有显贵体面一些的人到家里来。我打算偷看一下丈夫所去的地方。』

清早起来，（妻子）便拐弯抹角地紧跟往丈夫所去的地方，（发现）整个都城中并没有谁同他站着交谈的。最后（丈夫）走到东门城外的坟墓中间，向那些扫墓的人乞讨些残羹剩饭；不够，又四面望望然后走到别的扫墓的人那里去——这就是他天天醉饱的方法。他的妻子回去，（把看到的情况）告诉他的小老婆，并且说：『丈夫，是我们指望倚靠度过整整一生的人，现在丈夫却是这副样子！』于是跟他的小老婆一起在庭中咒骂丈夫，哭成一团，丈夫却一点也不知情，得意洋洋地从外面进来，在妻妾面前大耍威风。

从君子的观点看来，（现实生活中）一些人用来追求升官发财的手段，能够使他们的妻妾不感到羞耻而一块儿哭泣的，绝对是很少的。

万章章句上

原文

万章问曰：『舜往于田，号泣于旻天，何为其号泣也？』

孟子曰：『怨慕也。』

万章曰：『「父母爱之，喜而不忘；父母恶之，劳而不怨。」然则舜怨乎？』

曰：『长息[①]问于公明高[②]曰：「舜往于田，则吾既得闻命矣；号泣于旻天，于父母则吾不知也。」公明高曰：「是非尔所知也。」夫公明高以孝子之心，为不若是恝：我竭力耕田，共为子职而已矣，父母之不我爱，于我何哉？帝使其子九男二女，百官牛羊仓廪备，以事舜于畎亩之中，天下之士多就之者，帝将胥天下而迁之焉。为不顺于父母，如穷人无所归。天下之士悦之，人之所欲也，而不足以解忧；好色，人之所欲，妻帝之二女，而不足以解忧；富，人之所欲，富有天下，而不足以解忧；贵，人之所欲，贵为天子，而不足以解忧。人悦之、好色、富、贵，无足以解忧者，惟顺于父母可以解忧。人少，则慕父母；知好色，则慕少艾；有妻子，则慕妻子；仕则慕君，不得于君，则热中。大孝终身慕父母。五十而慕者，予于大舜见之矣。』

注释

①长息：公明高的弟子。②公明高：曾参的弟子。

译文

万章问道：『舜到地里去耕种，望着秋高气爽的天空哭诉着，他为什么要哭诉呢？』

孟子答道：『这是因为舜对父母既怨恨又怀念的缘故。』

舜与二女

虞舜，瞽瞍之子，性至孝。父顽，母嚚，弟象傲。舜耕于历山，有象为之耕，鸟为之耘。其孝感如此。帝尧闻之，事以九男，妻以二女，遂以天下让焉。

万章说：『（从前曾子说过，）「父母要是喜欢自己，自己心里虽然高兴，但却不敢对做儿子的职责有所遗忘懈怠；父母要是不喜欢自己，自己心里尽管不免忧愁，但却不敢埋怨父母。」那么，舜是不是在抱怨父母呢？』

孟子说：『长息曾问过公明高：「舜去地里耕种，这个我已能理解；但他一面喊着天一面喊着父母，又哭又诉，我就不懂这是为什么。」公明高说：「这个不是你能理解得了的。」在公明高看来，一个孝子的心对于父母对自己的爱恶决不能这样无动于衷：我尽力耕田，恭恭敬敬地尽着做儿子的本分而已，如果父母不爱我，对我有什么关系呢？帝尧叫他的九个男孩两个女孩，还有百官带着牛羊，囤积粮食，应有尽有，到田野里去侍候舜，天下的士人也多有投奔到他门下的，尧帝将把整个天下让给舜。因为不能使父母顺心，自己就像穷困的人没有归宿一样。天下的士人喜欢自己，这本是人们的愿望，但却不足以解除舜的忧愁；爱好美色，本也是人们的愿望，但舜娶了尧的两个女儿，却不足以解除忧愁；富有，本是人们的愿望，但舜拥有的天下的财富，却不足以解除忧愁；尊贵，本也是人们的愿望，但舜获得了身为天子的尊贵，还不足以解除忧愁。

（对于舜，）人们喜欢自己、爱好美色、财多地位高，没有一样足以解除忧愁，只有使父母顺心满意才可以解除忧愁。（大概）人在儿童时期，只知怀恋父母；知道爱好美色了，就爱慕年轻而又漂亮的人；有了妻子，便宠爱妻子；走上了做官的道路，便倾心于君主，要是得不到君主的信任，人心便要感到焦急烦躁。（只有）大孝的人才会一辈子怀恋父母。到了五十岁的年纪还怀恋父母的，我在大舜身上看到了。』

原文

万章问曰：『《诗》云：「娶妻如之何？必告父母。」信斯言也，宜莫如舜。舜之不告而娶，何也？』

孟子曰：『告则不得娶。男女居室，人之大伦也。如告，则废人之大伦，以怼父母，是以不告也。』

万章曰：『舜之不告而娶，则吾既得闻命矣；帝之妻舜而不告，何也？』

曰：『帝亦知告焉则不得妻也。』

万章曰：『父母使舜完廪，捐阶，瞽瞍焚廪。使浚井，出，从而掩之。象[①]曰：「谟盖都君[②]咸我绩。牛羊父母，仓廪父母，干戈朕，琴朕，弤朕。二嫂使治朕栖。」象往入舜宫，舜在床琴。象曰：「郁陶思君尔。」忸怩。舜曰：「惟兹臣庶，汝其于予治。」不识舜不知象之将杀己与？』

注释

①象：人名，相传是舜的同父异母弟。②都君：指舜。

译文

万章问道：『《诗》中说：「娶老婆应怎么做呢？一定得告诉父母。」相信这句古训的人，该没有像舜的了，可舜却并不禀告父母便娶了老婆，这又是什么缘故呢？』

孟子说：『禀告了父母就娶不成老婆。男女结合成家，是人生的常道。要是禀告了，便会废止这个人生的常道，（断绝后代，）以至到头来不免使父母怨恨自己，所以不禀告父母。』

万章又说：『舜的不禀告父母便娶老婆的道理，我已经懂得了；那么，帝尧把女儿嫁给舜做妻子却不告知舜的父母，这又是什么缘故呢？』

孟子说：『帝尧也知道一告诉对方，女儿便嫁不出去了。』

万章再问：『舜的父母叫舜去修好粮仓，却拿走（登上粮仓的）梯子，然后瞽瞍放火焚烧粮仓。（舜机智地逃脱了，）又引着他去把水井淘深些，（瞽瞍）一出井，便用土去堵塞井口，（想把舜活埋在井中。）舜的弟弟象（满以为舜死了，）说：「谋害舜全是我的功劳，牛羊归父母，粮仓归父母，兵器归我，琴归我，弤弓归我，二位嫂子让她们替我铺床叠被。」于是象便走向舜的住所去，舜却坐在床上弹琴。象只好撒谎说：「我非常想念你呀。」说着显出十分尴尬的样子。舜说：「我心里老惦着我这些臣下和百姓，你就帮助我管理他们吧！」不知道舜当时是不是不知道象准备杀害自己？』

原文

曰：『奚而不知也。象忧亦忧，象喜亦喜。』

曰：『然则舜伪喜者与？』

曰：『否。昔者有馈生鱼于郑子产，子产使校人畜之池。校人烹之，反命曰：「始舍之，圉圉焉；少则洋洋焉，攸然而逝。」子产曰：「得其所哉！得其所哉！」校人出，曰：「孰谓子产智？予既烹而食之，曰：得其所哉，得其所哉。」故君子可欺以其方，难罔以非其道。彼以爱兄之道来，故诚信而喜之，奚伪焉？』

瞽瞍

舜的父亲和同父异母的弟弟象总是想害他，但他仍坚持孝顺父亲，关爱兄弟，为后世称扬。

译文

孟子说：『怎么会不知道呢？（舜对象当时的态度是这样的：）象忧愁他也忧愁，象欢喜他也欢喜。』

万章接上去问：『那么，舜是假装喜欢的么？』

孟子解释说：『不。从前有人送条活鱼给郑国的子产，子产叫管池沼的人放它到池子中去喂养。管池沼的人把鱼煮着吃了，却向子产汇报道：「刚放下去，还有些不自然，过了一会儿便摇头摆尾的开始试着游水，忽然速度加快，一下子便无拘无束地潜入深水，无影无踪了。」子产（听了，以赞叹的口吻）说：「它得到了它应去的地方了啊！它得到了它应去的地方了啊！」管池沼的人出来后对人家说：「谁说子产聪明呢？我已经把鱼都煮着吃下肚里了，他却在那里说，鱼儿得到了它应去的地方，鱼儿得到了它应去的地方。」所以一个至诚君子，别人可以用合乎人之常情的方法欺骗他，但却不能用不合道理的骗术去蒙蔽他。象既然是打着敬爱兄长的幌子来见舜，舜信以为真而感到高兴，怎么能说他是假装的呢？』

原文

万章问曰：『象日以杀舜为事，立为天子则放之，何也？』

孟子曰：『封之也，或曰放焉。』

万章曰：『舜流共工①于幽州，放驩兜②于崇山，杀三苗③于三危，殛鲧④于羽山，四罪而天下咸服，诛不仁也。象至不仁，封之有庳⑤。有庳之人奚罪焉？仁人固如是乎——在他人则诛之，在弟则封之？』

曰：『仁人之于弟也，不藏怒焉，不宿怨焉，亲爱之而已矣。亲之，欲其贵也；爱之，欲其富也。封之有庳，富贵之也。身为天子，弟为匹夫，可谓亲爱之乎？』

『敢问或曰放者，何谓也？』

曰：『象不得有为于其国，天子使吏治其国，而纳其贡税焉，故谓之放。岂得暴彼民哉？虽然，欲常常而见之，故源源而来，「不及贡，以政接于有庳。」此之谓也。』

注释

①共工：相传为尧的大臣。②驩兜：相传是尧、舜时的大臣。③三苗：国名。④鲧：传说是禹的父亲，尧曾派他治水，但没有治成功。⑤有庳：传说是象的封地。

译文

万章问道：『象每天都谋划着杀害舜，可舜被拥立为天子后就只将他流放，这是为什么呢？』

孟子说：『实际是封了他做诸侯，但是也有人说是放逐他。』

万章说：『舜把共工流放到幽州，把驩兜流放到崇山，把三苗的国君流放到三危，把鲧流放到羽山，惩处了这四个罪犯后天下的人全部悦服，因为是惩罚了不仁的恶人的缘故。象为人最不仁，却将他封在有庳国，有庳的人有什么罪过，（偏要受象这恶人的统治？）一个仁爱的人做事难道应该这样吗？对别人就治他的罪，对弟弟就封他的侯？』

孟子说：『一个仁爱的人对自己的弟弟，不把怒气藏在胸中，不把怨恨埋在心底，就只知道亲爱他罢了。亲他，想使他有地位；爱他，想使他有财富。把他封在有庳国为诸侯，这正是为了要使他有财富、有地位。假如一个人自己做了天子，而弟弟却是一个平民，这能说是亲爱他吗？』

万章又说：『请问有人说舜放逐象，为什么会这样的呢？』

孟子说：『象不能在他的封国里有所作为，所以天子派遣官吏去帮他治理国家并替他缴纳贡税，从这个角度来讲，因此有人说是放逐。（采取了这些措施，）象难道还能对他的百姓肆行暴虐吗？尽管这样，舜还是想常常见到他，所以让他不断的上京城来，（《尚书》中有这么两句话：）「等不了朝贡的日子，常常借征询政事接见有庳国的国君。」就是指的这个而说的。』

咸丘蒙问曰：『语云：「盛德之士，君不得而虑，父不得而子。」舜南面而立，尧帅诸侯北面而朝之，瞽瞍亦北面而朝之。舜见瞽瞍，其容有蹙。孔子曰：「于斯时也，天下殆哉，岌岌乎！」不识此语诚然乎哉？』

孟子曰：『否。此非君子之言，齐东野人之语也。尧老而舜摄也。《尧典》曰：「二十有八载，放勋乃徂落，百姓如丧考妣，三年，四海遏密八音。」孔子曰：「天无二日，民无二王。」舜既为天子矣，又帅天下诸侯以为尧三年丧，是二天子矣。』

咸丘蒙曰：『舜之不臣尧，则吾既得闻命矣。《诗》云：「普天之下，莫非王土；率土之滨，莫非王臣。」

而舜既为天子矣，敢问瞽瞍之非臣，如何？』

咸丘蒙问道：『俗话说，「道德十分高尚的人，君主不能够把他当作臣子看待，父亲不能把他当作儿子看待。」舜做了天子，尧带领诸侯北面朝见他，瞽瞍也北面朝见他。舜看见（在下面朝见他的）瞽瞍，面上显出局促不安的神色。孔子说：「在这个时候，天下真是岌岌可危呀！」不知这些话的确是这样么？』

孟子说：『不，这不是君子的语言，是齐东地方老百姓的野话。（当时的实际情况是）尧老了让舜代行政权。《尧典》说：「舜代行政权二十八年时，尧才死去，朝中的百官象是死了父母，在替他服孝的三年中，民间停止一切音乐。」孔子说过：「天上没有两个太阳，老百姓上面没有两个天子，要是舜已经做了天子，又率领天下诸侯去替尧守三年孝，那么这就是两个天子了。」』

咸丘蒙说：『舜没有把尧看做臣子，这个我已经明白了。《诗》中说：「全世界没有不属于天子的土地，沿着土地直达海边，没有一个人不是帝王的臣民。」现在舜既然做了天子，瞽瞍却不称臣，请问该当怎么解释呢？』

原文

曰：『是诗也，非是之谓也。劳于王事而不得养父母也。曰：「此莫非王事，我独贤劳也。」故说诗者，不以文害辞，不以辞害志。以意逆志，是为得之。如以辞而已矣，《云汉》之诗曰：「周余黎民，靡有孑遗。」信斯言也，是周无遗民也。孝子之至，莫大乎尊亲；尊亲之至，莫大乎以天下养。为天子父，尊之至也；以天下养，养之至也。《诗》曰：「永言孝思，孝思惟则。」此之谓也。《书》曰：「祗载见瞽瞍，夔夔齐栗，

瞽瞍亦允若。」是为父不得而子也？」

译文

孟子说：「这首诗，说的不是这个，而是说作者自己为国事奔忙以至不能奉养父母。意思是这样：「这些事没有一桩不是王家的事，（别人安安逸逸，）我却独独多劳多累。」所以解说诗的人，不要拘泥于文字，这会妨碍对诗的辞句的理解，不要拘泥于诗的辞句，这会妨碍对诗人作诗的意旨的体会。应该拿自己的思想去领会作者写诗的意旨，这样才算是体会了诗的真谛。要是仅限于对诗的语辞的理解，《云汉》这首诗中说，「周朝剩余的老百姓，没有一个留存下来了。」真的相信这个话，这就是说周朝没有留下一个人了。孝子孝到了极点，没有比尊敬父母亲更大的了；尊敬父母尊敬到了极点，没有比拿天下来奉养父母亲更大的了。做天子的父亲，这是尊敬到了极顶；拿天下奉养父母亲，这是奉养到了极顶。《诗》里说：「我们永远不能忘记孝敬父母的思想，这孝敬父母的思想就是为人子的法则呀。」说的正是这个意思。《尚书》里说：「（舜）极其恭敬地来见瞽瞍，以至谨慎战栗，瞽瞍也就相信舜的诚心而顺着儿子了。」这能说是父亲不能把他当儿子看待吗？」

舜害不危

舜的父母和弟弟多次害他，他都能逢凶化吉。后来舜做了帝王，仍然对父母极为尊敬。

谏鼓谤木

尧曾在庭中设大鼓，让百姓击鼓进谏；后来舜继位，也效仿尧的做法，在交通要道立上木牌，让百姓在上面写谏言。后人因此将广开言路，听取各方意见的做法都称作谏鼓谤木。

原文

万章曰：“尧以天下与舜，有诸？”

孟子曰：“否。天子不能以天下与人。”

“然则舜有天下也，孰与之？”

曰：“天与之。”

“天与之者，谆谆然命之乎？”

曰：“否。天不言，以行与事示之而已矣。”

曰：“以行与事示之者，如之何？”

曰：“天子能荐人于天，不能使天与之天下；诸侯能荐人于天子，不能使天子与之诸侯；大夫能荐人于诸侯，不能使诸侯与之大夫。昔者尧荐舜于天，而天受之；暴之于民，而民受之。故曰，天不言，以行与事示之而已矣。”

曰：“敢问荐之于天，而天受之；暴之于民，而民受之，如何？”

曰：“使之主祭，而百神享之，是天受之；使之主事，而事治，百姓安之，是民受之也。天与之，人与之，故曰天子不能以天下与人。舜相尧二十有八载，非人之所能为也，天也。尧崩，三年之丧毕，舜避尧之子于南河①之南，天下诸侯朝觐者，不之尧之子而之舜；讼狱者，不之尧之子而之舜；讴歌者，不讴歌尧之子而讴歌舜，故曰天也。夫然后之中国[②]，践天子位焉。而居尧之宫，逼尧之子，是篡也，非天与也。《太誓》[③]曰：「天视自我民视，天听自我民听。」此之谓也。」

注释

①南河：即漯河，舜避居处，在今山东濮县东二十五里，因在尧都濮州的南面，故称南河。②中国：这里指帝都。③《太誓》：即《泰誓》，《尚书》篇名。下引两句是《泰誓》逸文。

译文

万章问：「尧将天下给与舜，有这样的事吗？」

孟子说：「不。天子不能将天下送给别人。」

万章说：「那么，舜获得天下，是谁给他的呢？」

孟子说：「天给他的。」

万章紧接着问：「所谓天给他，是不是上天恳切地叫他接受天下呢？」

孟子说：「不。天不会说话，只不过是用行为和事实表示它的意旨罢了。」

万章说：「用行为或事实来表示它的意旨，怎么样呢？」

孟子说：「天子能够将人才推荐给天，却不能叫天送给他天下；诸侯能够将人才推荐给天子，却不能叫天子让他做诸侯；大夫能够将人才推荐给诸侯，却不能叫诸侯让他做大夫。从前，尧将舜推荐给天，天接受了；又将他公开向老百姓介绍，老百姓也接受了；所以说，天不会说话，不过是用行为和事实向人们传达它的意旨罢了。」

万章又问：『请问所谓推荐给天，天接受；公开介绍给老百姓，老百姓接受，怎么可以见得是这样呢？』

孟子说：『派他去主持祭祀，一切神灵便都来享用，这就是天接受了；派他去主持政事，政事搞得井井有条，老百姓安居乐业，这就是老百姓接受了。天给他，人给他，所以说，天子不能将天下给与人。舜辅佐尧二十八年，不是人的力量所能办到，这就是天意。尧逝世后，守孝三年完了，舜到南河之南去回避尧的儿子，（好让他继承帝位，）天下的诸侯来见天子的，不到尧的儿子那里去，却到舜那里去；进行诉讼的不到尧的儿子那里去，却到舜那里去；歌功颂德的不歌颂尧的儿子却歌颂舜，所以说，这是天意。这样舜才回到京都，坐上天子的位子。要是（舜）住在尧的宫廷里，逼迫尧的儿子让位，这简直是篡夺，不是天给与的。《太誓》说过：「天看事物是通过老百姓的眼睛来看的，天听语言是通过老百姓的耳朵来听的。」说的正是这个意思。』

原文

万章问曰：『人有言：「至于禹而德衰，不传于贤而传于子。」有诸？』

孟子曰：『否，不然也。天与贤，则与贤；天与子，则与子。昔者舜荐禹于天，十有七年，舜崩，三年之丧毕，禹避舜之子于阳城，天下之民从之，若尧崩之后不从尧之子而从舜也。禹荐益于天，七年，禹崩，三年之丧毕，益[1]避禹之子于箕山之阴。朝觐讼狱者不之益而之启[2]，曰：「吾君之子也。」讴歌者不讴歌益而讴歌启，曰：「吾君之子也。」丹朱[3]之不肖，舜之子亦不肖。舜之相尧、禹之相舜也，历年多，施泽于民久。启贤，能敬承继禹之道。益之相禹也，历年少，施泽于民未久。舜、禹、益相去久远，其子之贤不肖，皆天也，非人之所能为也。莫之为而为者，天也；莫之致而至者，命也。匹夫而有天下者，德必若舜禹，而又有天子荐之者，故仲尼不有天下。继世而有天下，天之所废，必若桀纣者也，故益、伊尹、周公不有天下。伊尹相汤，以王于天下，汤崩，大丁④未立，外丙⑤二年，仲壬四年，大甲⑥颠覆汤之典刑，伊尹放之于桐。三年，大甲悔过，自怨自艾，于桐处仁迁义。三年，以听伊尹之训己也，复归于亳⑦。周公之不有天下，犹益之于夏、伊尹之于殷也。孔子曰：「唐虞⑧禅，夏后殷周继，其义一也。」

遣使求仙

古时，君王都仁慈宽厚，待民如子，等到自己年老之时，将王位传给贤明的人而不是自己的后代。但是后世君主恰恰相反，为了王位可以不择手段，得到王位后又想永世拥有。秦始皇就是如此，他希望长生不死，永保帝王之位，所以派人四处求仙问药。

注释

①益：古代嬴姓各族的祖先，因助禹治水有功，被选为继承人。②启：禹的儿子。禹死后，他即继位，从此确立了传子制度。③丹朱：传说中尧之子，名朱，因居丹水，名为丹朱。传说他傲慢荒淫，尧因此禅位给舜。④大丁：即太丁，汤的长子。⑤外丙：太丁的弟弟。下句仲壬，外丙的弟弟。⑥大甲：即太甲，汤的嫡长孙，太丁之子。⑦亳：地名，商汤的国都，故址在今河南商丘县北。⑧唐虞：相传尧建立的朝代叫『唐』，舜建立的朝代叫『虞』。

译文

万章问道：『人们有这样的说法，「到了禹的时候，道德便衰微了，不想把天下传给贤者，却传给儿子。」真有这样的事么？』

孟子说：『不，并不是这样。天意要给贤者，就给贤者；天意要给儿子，就给儿子。从前，舜把禹推荐给天，过了十七年，舜死了，守孝三年满了后，禹到阳城去回避舜的儿子，天下的百姓追随他，就像尧去世后不追随尧的儿子却追随舜一个样。禹也把益推荐给天，过了七年禹死了，守孝三年满了后，益到箕山的北面去回避禹的儿子。那些朝见天子和诉讼的人都不到益那里去却到启那里，说：「这是我们天子的儿子。」那些歌功颂德的人都不歌颂益却歌颂启，说：「这是我们天子的儿子。」（尧的儿子）丹朱不中用，舜的儿子也不中用。舜辅佐尧、禹辅佐舜，经历的时间多，对老百姓施行恩泽也久。（禹的儿子）启很贤明，能够虔诚地继承禹的好传统好作风。益的助手禹，经历的时间既短，对百姓施行恩泽也没多几天。舜、禹、益辅佐天子时间的长短，他们儿子的贤明和不中用，这都是天意，不是人力所能办到的。什么事情如果不是人力所能办到却自然办到了，就是天意，不是人力所能招致却自然来到了的，这就是命运。一个普通的人却能享有天下的，一定得具有舜和禹那样的道德，而且又有天子的推荐，所以孔子就没能享有天下。继承父辈之业而享有天下的人，天意所要废弃的，一定是像桀纣那样（暴戾）的人，所以益、伊尹和周公也没能享有天下。伊尹辅佐汤统一了天下，汤去世后，（太子）大丁（早死）没有做天子，外丙坐了二年位，仲壬坐了四年位，（他们都死得早，）（继承王位的大丁的儿子）大甲破坏了汤王制订的法典，（辅相）伊尹便把他流放到桐去。三年之后，大甲悔过自新，痛改前非，就在桐那里力求做到存心仁爱，行事合宜，三年中，虚心听取伊尹对自己的教诲，这样就又回到了亳地。周公的不能享有天下，就和益的在夏朝，伊尹的在殷朝一样。孔子就说过：「唐尧虞舜让位给贤者，夏商周三代帝位子孙世代相传，道理都是相同的。」』

原文

万章问曰：『人有言，「伊尹以割烹要汤」，有诸？』

孟子曰：『否，不然。伊尹耕于有莘[1]之野，而乐尧舜之道焉。非其义也，非其道也，禄之以天下，弗顾也；系马千驷，弗视也。非其义也，非其道也，一介不以与人，一介不以取诸人。汤使人以币聘之，嚣嚣然曰：「我何以汤之聘币为哉？我岂若处畎亩之中，由是以乐尧舜之道哉？」汤三使往聘之，既而幡然改曰：「与我处畎亩之中，由是以乐尧舜之道，吾岂若使是君为尧舜之君哉？吾岂若使是民为尧舜之民哉？吾岂若于吾身亲见之哉？天之生此民也，使先知觉后知，使先觉觉后觉也。予，天民之先觉者也，予将以斯道觉斯民也。非予觉之而谁也？」思天下之民匹夫匹妇有不被尧舜之泽者，若己推而内之沟中——其自任以天下之重如此。故就汤而说之以伐夏救民。吾未闻枉己而正人者也，况辱己以正天下者乎？圣人之行不同也，或远，或近，或去，或不去——归洁其身而已矣。吾闻其以尧舜之道要汤，未闻以割烹也。《伊训》曰：「天诛造攻自牧宫，朕载自亳。」』

注释

①有莘：莘，古国名，『有』是词头。故址在今山东曹县西北。传说商汤娶有莘氏之女。

译文

万章问道：『人们有这样一种说法：「伊尹用烹调的技术去要求汤王任用他。」真有这个事吗？』

孟子说：『不，不是。伊尹在有莘国的郊野种田，十分喜爱尧舜之道。要是不合乎道和义，即便拿天下的财富给他作俸禄，他也毫不理睬；即使系四千匹马在他前面，（作为馈赠他的礼物，）他连看也不会看上一眼。要是不合乎道和义，一点小东西也不会拿给别人，也不会向别人要一点小东西。汤王派人带着礼物去聘请他，他却不动声色地说：「我为什么要接受汤的聘礼呢？何如我现在这样身居田野之中，由此以研习尧舜之道为乐呢？」汤王三次派人去聘请他，然后他才完全改变态度道：「我与其身居田野之中，由此以研习尧舜之道为个人的快乐，怎比得上使这位君主成为尧舜之君呢？怎比得上使这些百姓成为尧舜的百姓呢？怎比得上在我生前亲自看到尧舜之道见诸实行呢？上天降生这些百姓，使先知的人帮助后知的人觉醒，使先觉的帮助后觉的人觉醒。我，是百姓中天生先觉的人；我将拿这个尧舜之道去帮助这些百姓觉醒。不是我去帮助他们觉醒，又是谁去呢？」他心里想天下的百姓中只要有一个男人一个女人没有得到尧舜的恩泽的，就好像是自己将他们推进水沟中一样。他是这样自愿把天下的重担挑在肩头，所以跑到汤王那里去拿攻打夏桀拯救百姓的事向他游说。我没有听说过委屈自己却能匡正别人的，更何况屈辱自己而去匡正天下的呢？圣人的行事各有迥异，有的远离君主，有的接近君主，有的离开朝廷，有的不愿离开，但是归结起来，（相同之点，）只是做到洁身自好，做到一尘不染罢了，我只听说他（伊尹）用尧舜之道去干求汤王，没有听说用烹调技术的事。《伊训》里说：「上天对夏桀的讨伐，是从牧宫（代表夏桀）自己制造了该被攻讨的罪恶招来的，我（伊尹自谓）和汤谋伐桀却是从亳都开始的。」』

原文

万章问曰：『或谓孔子于卫主痈疽[1]，于齐主侍人瘠环[2]，有诸乎？』

孟子曰：『否，不然也。好事者为之也。于卫主颜雠由[3]。弥子[4]之妻与子路之妻，兄弟也。弥子谓子路曰：「孔子主我，卫卿可得也。」子路以告。孔子曰：「有命。」孔子进以礼，退以义，得之不得曰「有命」。

左宗棠

自古以来就有许多门客栖身于显贵门下，希望有朝一日能够出人头地、名动天下。虽然许多门客非常注重德行修养，凭借显贵的品行而不是官位来投奔。例如曾国藩因为注重修身养性，为人谨慎谦恭，所以许多人前来归附。左宗棠本是曾国藩的门客，后来得蒙赏识，建功立业，声名鹊起。

而主痈疽与侍人瘠环，是无义无命也。孔子不悦于鲁卫，遭宋桓司马[⑤]将要而杀之，微服而过宋。是时孔子当阨，主司城贞子[⑥]，为陈侯周[⑦]臣。吾闻观近臣，以其所为主；观远臣，以其所主。若孔子主痈疽与侍人瘠环，何以为孔子？』

注释

①痈疽：人名，又作雍渠、雍雎，卫灵公宠幸的宦官。②瘠环：人名，齐景公宠幸的宦官。③颜雠由：卫国的大夫，有贤名。④弥子：即弥子瑕，卫灵公的宠臣。⑤桓司马：即宋国的司马桓。司马，官职名，掌管军政和军赋。⑥司城贞子：陈国的大夫。⑦陈侯周：陈国国君，名周。

译文

万章问道：『有人说孔子在卫国寄居在痈疽家里，在齐国寄居在宦官瘠环家里，有这回事吗？』

孟子说：『不，事实不是这样。这是那些多事的人捏造出来的。（孔子）在卫国寄居在颜雠由家。弥子瑕的妻子同子路的妻子是姐妹，弥子瑕对子路说：「孔子要是寄居在我家，卫国的卿相位子就可以得到。」子路把这个话告诉了孔子。孔子说：「什么事情都是上天注定的。」孔子无论进还是退都要求合乎礼和义，得到官位和得不到官位都说是命运决定。假如寄居到痈疽和宦官瘠环家中去，这便是不顾道义和命运了。孔子对鲁国和卫国不高兴，又遇上宋国的司马桓，预谋在路上拦截他加以杀害，因此只得化装通过宋国。这个时候孔子正在蒙难，也还是寄居在（不算坏的）司城贞子家里，做陈侯周的臣子。我听说要观察朝中左右近臣的好坏，就看在他家里寄居的都是些什么样的客臣；要观察外来做官的客臣的好坏，就看他寄居在什么样的主人的家里。要是孔子真个寄居在痈疽和宦官瘠环家里，那还是孔子吗？』

原文

万章问曰：『或曰，「百里奚自鬻于秦养牲者五羊之皮，食牛，以要秦穆公①。」信乎？』

孟子曰：『否，不然。好事者为之也。百里奚，虞人也。晋人以垂棘之璧与屈产之乘假道于虞以伐虢。宫之奇②谏，百里奚不谏。知虞公之不可谏而去之秦，年已七十矣；曾不知以食牛干秦穆公之为污也，可谓智乎？不可谏而不谏，可谓不智乎？知虞公之将亡而先去之，不可谓不智也。时举于秦，知穆公之可与有行也而相之，可谓不智乎？相秦而显其君于天下，可传于后世，不贤而能之乎？自鬻以成其君，乡党自好者不为，而谓贤者为之乎？』

注释

①秦穆公：又作秦缪公，秦国国君，公元前659年至前621年在位。②宫之奇：虞国大夫。晋国曾两次向虞国借路以攻打虢国，宫之奇用『唇亡齿寒』的道理劝告虞公拒绝晋的要求，虞公不听。结果晋灭虢后，接着灭掉了虞国。

译文

万章问道：『有人说：「百里奚用五张羊皮的卖价将自己卖给秦国一个养牲口的人，给他喂牛，用这种行为来谋求秦穆公的任用。」是真的吗？』

孟子说：『不，事实不是这样，是那些多事的人捏造出来的。百里奚是虞国人。晋国人拿垂棘的白璧和屈地所产的好马作为贿赂，想借虞国的路去攻打虢国。宫之奇出来劝阻虞公（别上晋国的当），百里奚就没有进行劝阻。知道虞公不可劝阻因而离开虞国到秦国去，他的年岁已经七十了，竟会不知道以喂牛的方式去干求秦穆公为脏污的行为，能说是明智吗？知道不可劝阻便不去劝阻，能说是不明智吗？知道虞公将要亡国因而先行离开，这不能说是不聪明。当时被秦国所起用，知道穆公这人可以跟他有所作为，因而愿做他的辅相，能说是不聪明吗？辅佐秦国因而使它的君主扬名天下，并可流芳于后世，一个不贤明的人能做到这样吗？用卖身的方法来成就他的君主的事业，就算是乡里中普通能洁身自爱的人都不会这样做，更何况一个贤明的人会这样做吗？』

柳下惠

柳下惠（前720—前621），展氏，名获字禽，春秋时期鲁国人。『柳下』是他的食邑，『惠』则是他的谥号，所以后人称他『柳下惠』。柳下惠被认为是遵守中国传统道德的典范，他『坐怀不乱』之事，为历代传诵。

万章章句下

原文

孟子曰：『伯夷目不视恶色，耳不听恶声；非其君不事，非其民不使；治则进，乱则退。横政之所出，横民之所止，不忍居也。思与乡人处，如以朝衣朝冠坐于涂炭也。当纣之时，居北海之滨，以待天下之清也。故闻伯夷之风者，顽夫廉，懦夫有立志。

『伊尹曰：「何事非君？何使非民？治亦进，乱亦进。」曰：「天之生斯民也，使先知觉后知，使先觉觉后觉。予，天民之先觉者，予将以此道觉此民也。」思天下之民匹夫匹妇有不与被尧舜之泽者，若己推而内之沟中——其自任以天下之重也。

『柳下惠不羞污君，不辞小官；进不隐贤，必以其道；遗佚而不怨，阨穷而不闵；与乡人处，由由然不忍去也。「尔为尔，我为我，虽袒裼裸裎于我侧，尔焉能浼我哉？」故闻柳下惠之风者，鄙夫宽，薄夫敦。

译文

孟子说：『伯夷这个人，眼睛不看妖冶的颜色，耳朵不听淫靡的音乐。不是他认可的君主不去侍奉，不是他认可的百姓不去支使。

天下太平就出来做事，天下混乱就退隐田野。暴政所出和暴民所住的地方，他都不能耐心在那里住下来。他认为跟乡里暴民相处在一起，就像穿着礼服戴着礼帽坐在烂泥和煤灰的上面。当商纣王的时候，他隐居在北海边上，以等待天下的太平。所以听到伯夷高风的，就是贪夫也变得廉洁，怯懦的人也能树立不屈的意志。

『伊尹说：「什么君主不能侍奉？什么百姓不能支使？」太平时愿当官，乱离时也愿当官，他说，「上天降生这些百姓，使先知的人帮助后知的人觉醒，使先觉的人帮助后觉的人觉醒。我，是天生百姓中先觉醒的人；我将要拿这些圣贤之道去帮助这些百姓觉醒。」他心里想天下的百姓中只要有一个男人一个女人没有得到尧舜恩泽的，就好像是自己将他们推进水沟中一样：（这就是）他自愿把天下的重担挑在肩头上的原因。

『柳下惠不以侍奉不好的君主为可耻，做小官也在所不辞。上朝做官不保留自己的才干，但一定得合乎原则。虽被遗弃也无怨言，身处困境并不犯愁。跟乡里暴民共处在一起，很自然地舍不得离开他们。「你是你，我是我，那怕是赤身露体坐在我身旁，你又怎么能玷污我呢？」因此凡听到柳下惠高风的，就是心地窄狭的人也变得襟怀宽大，为人刻薄的也变得厚道起来了。

『孔子之去齐，接淅而行。去鲁，曰：「迟迟吾行也，去父母国之道也。」可以速而速，可以久而久，可以处而处，可以仕而仕，孔子也。』

孟子曰：『伯夷，圣之清者也；伊尹，圣之任者也；柳下惠，圣之和者也；孔子，圣之时者也。孔子之

谓集大成。集大成也者，金声而玉振之也。金声也者，始条理也；玉振之也者，终条理也。始条理者，智之事也；终条理者，圣之事也。智，譬则巧也；圣，譬则力也。由射于百步之外也，其至，尔力也；其中，非尔力也。」

译文

「孔子离开齐国的时候，饭都来不及弄，把已浸在水中的米捞起来就跑；离开鲁国时，却说：『我们慢慢走吧，这是离开父母国该采取的态度。』该快走就快走，该留久点就留久点，该闲居在家就闲居在家，该做官就做官。这就是孔子所持的态度。」

孟子说：「伯夷是圣人之中清高的人；伊尹是圣人中特别富于责任感的人；柳下惠是圣人中比较随和的人；孔子是圣人中能相机行事的人。孔子可说是集大成的了。所谓集大成的意思，（就像奏乐，）先敲金属乐器钟开头，后击玉制的特磬收尾一样。先敲金属乐器钟，是表示节奏条理的开端；后用玉制的特磬收尾，是表示节奏条理的终结。掌握奏乐条理的开始，得靠人的智力；坚持奏乐条理的终结，得靠人的圣功。智，就好比是技巧，圣，就好比是力气。就如同在百步距离以外射箭一样，射到目的地，是靠你的力量；射

伯夷

商末孤竹君长子，让国位与兄弟叔齐双双逃至国外，后闻西伯善养老，想去投奔，途遇武王代纣，叩马而谏，认为不孝不仁。姜太公许为『义人』。武王克商，天下宗周，伯夷、叔齐耻食周粟，逃隐至首阳山，采薇面食，后饿死首阳山上。

中靶子，就不是单靠你的力量，（还得运用你的智慧和技巧。）』

北宫锜①问曰：『周室班爵禄也，如之何？』

孟子曰：『其详不可得闻也，诸侯恶其害己也，而皆去其籍；然而轲也尝闻其略也。天子一位，公一位，侯一位，伯一位，子、男同一位，凡五等也。君一位，卿一位，大夫一位，上士一位，中士一位，下士一位，凡六等。天子之制，地方千里，公侯皆方百里，伯七十里，子、男五十里，凡四等。不能五十里，不达于天子，附于诸侯，曰附庸。天子之卿受地视侯，大夫授地视伯，元士②受地视子、男。大国地方百里，君十卿禄，卿禄四大夫，大夫倍上士，上士倍中士，中士倍下士，下士与庶人在官者同禄，禄足以代其耕也。次国地方七十里，君十卿禄，卿禄三大夫，大夫倍上士，上士倍中士，中士倍下士，下士与庶人在官者同禄，禄足以代其耕也。小国地方五十里，君十卿禄，卿禄二大夫，大夫倍上士，上士部中士，中士倍下士，下士与庶人在官者同禄，禄足以代其耕也。耕者之所获，一夫百亩；百亩之粪，上农夫食九人，上次食八人，中食七人，中次食六人，下食五人。庶人在官者，其禄以是为差。』

注释

①北宫锜：卫国人。②元士：天子直辖区域内的上士。

译文

北宫锜问道：『周朝王室是规定爵位和俸禄的等级制度的？』

孟子说：『它的详细情况已不可能知道了，诸侯们因为讨厌它妨碍他们自己扩充土地和财富，把那些

（可作根据的）文献全都销毁了；不过我孟轲却曾粗略地知道它的大概情况。（当时班爵的制度是：）天子是一级，公是一级，侯是一级，伯是一级，子、男同为一级，总共是五等。（在朝廷中，）天子是一级，卿是一级，大夫是一级，上士是一级，中士是一级，下士是一级，总共分六等。（当时班禄的制度是：）天子亲自管辖的土地是见方千里，公和侯都是见方百里，伯爵七十里，子、男各五十里，总共是四等。土地不到五十里的，不能直接通名到天子那里去，附属在其他诸侯大国，称为附庸。天子朝中的卿所受的封地比照侯爵，大夫的封地比照伯爵，上士的封地比照子爵和男爵。公侯大国的封地见方百里，它的国君的俸禄十倍于卿，卿的俸禄四倍于大夫，大夫倍于上士，上士倍于中士，中士倍于下士，下士跟当公差的老百姓拿同样的俸禄，他们所得的俸禄足够抵上从事耕种的收入。中等国家的封地见方七十里，它的国君的俸禄十倍于卿，卿的俸禄三倍于大夫，大夫倍于上士，上士倍于中士，中士倍于下士，下士跟当公差的老百姓拿同样的俸禄，他们所得的俸禄足够抵得上从事耕种的收入。小国的封地见方五十里，它的国君的俸禄十倍于卿，卿的俸禄二倍于大夫，大夫倍于上士，上士倍于中士，中士倍于下士，下士跟当公差的老百姓拿同样的俸禄，他们所得的俸禄足够抵得上从事耕种的收入。农夫的收入，一夫一妇分田一百亩，加上百亩的肥料，粪多而又勤劳的上等农民可以养活九口人，其次的养活八口人，中等的养活七口人，再次的养活六口人，下等的养活五口人。在公家当差的老百姓，他们的俸禄便是比照这个来分等级高下的。』

原文

万章问曰：『敢问友。』

孟子曰：『不挟长，不挟贵，不挟兄弟而友。友也者，友其德也，不可以有挟也。孟献子①，百乘之家

也，有友五人焉：乐正裘，牧仲，其三人，则予忘之矣。献子之与此五人者友也，无献子之家者也。此五人者，亦有献子之家，则不与之友矣。非惟百乘之家为然也，虽小国之君亦有之。费惠公②曰：「吾于子思，则师之矣；吾于颜般，则友之矣；王顺、长息，则事我者也。」非惟小国之君为然也，虽大国之君亦有之。晋平公之于亥唐③也，入云则入，坐云则坐，食云则食；虽蔬食菜羹，未尝不饱，盖不敢不饱也。然终于此而已矣。弗与共天位也，弗与治天职也，弗与食天禄也，士之尊贤者也，非王公之尊贤也。舜尚见帝，帝馆甥④于贰室，亦飨舜，迭为宾主，是天子而友匹夫也。用下敬上，谓之贵贵；用上敬下，谓之尊贤。贵贵尊贤，其义一也。』

注释

①孟献子：鲁国大夫仲孙蔑。②费惠公：战国时小国费的国君。③亥唐：晋国人。晋平公时，朝中多贤臣，但亥唐不愿为官，隐居穷巷，平公曾对他『致礼与相见面请事』，非常敬重。④甥：古时称妻子的父亲叫外舅，所以，女婿也称『甥』。舜是尧帝的女婿。

译文

万章问道：『请问交友之道是怎样的？』

孟子说：『交朋友不能靠自己年岁大，不能靠自己的官位高，也不能靠自己有钱有势的兄弟。所谓交友，是以品德相交，决不可有所依恃。孟献子是位能出兵车百辆之家的大夫，他有五个朋友：一个叫乐正裘，一个叫牧仲，其他三人，我暂时忘记了名字。献子跟这五个人交朋友，心里丝毫不存在我献子是百乘之家的大夫的念头，这五个人，要是心里也有着献子是个百乘之家的大夫的念头，就不会跟他交朋友了。不只是百乘之家是这样，虽是小国的君主也有个交朋友的问题。费惠公说：「我对于子思，就将他当老师；对

于颜般，就将他当朋友；至于王顺、长息，就只是侍奉我的臣子。」不止是小国的君主是这样，虽是大国的君主也有个交朋友的问题。晋平公对于亥唐（尊敬得很，）亥唐叫他进去就进去，叫他坐就坐，叫他吃饭就吃饭；那怕是糙米饭小菜汤，从来没有不吃饱过，因为不敢不吃饱。可是只不过做到这样罢了，并不跟他共居官位，不跟他共理政事，不跟他共享俸禄，这是士人尊敬贤人所采取的态度，不是王公尊敬贤人应有的态度。舜（当年）上谒帝尧，帝尧在另一所官邸里款待这位女婿，也设宴请舜。（他们翁婿俩有时）互为宾主，这可说是天子下交平民百姓的典范。以地位低的尊敬地位高的人，叫做尊重贵人；以地位高的人尊敬地位低的人叫做尊敬贤士。尊重贵人和尊敬贤士，道理都是相同的。』

原文

万章问曰：『敢问交际何心也？』

孟子曰：『恭也。』

曰：『「却之却之为不恭」，何哉？』

曰：『尊者赐之，曰：「其所取之者义乎？不义乎？」而后受之，以是为不恭，故弗却也。』

曰：『请无以辞却之，以心却之，曰：「其取诸民之不义也。」而以他辞无受，不可乎？』

曰：『其交也以道，其接也以礼，斯孔子受之矣。』

万章曰：『今有御人于国门之外者，其交也以道，其馈也以礼，斯可受御也？』

曰：『不可。《康诰》曰：「杀越人于货，闵不畏死，凡民罔不譈。」是不待教而诛者也。殷受夏，周受殷，所不辞也。于今为烈，如之何其受之？』

曰：「今之诸侯取之于民也，犹御也。苟善其礼际矣，斯君子受之，敢问何说也？」

译文

万章问道：「请问与人交际的时候，应该抱着什么思想？」

孟子说：「应该出以恭敬之心。」

万章又问：「（人家常说，）「老是拒绝接受别人赠物的礼物就是不恭敬」，这是什么意思呢？」

孟子说：「要是一位有地位的人赠送东西，自己先这么考虑道：「他取得这些东西是合乎义呢，还是不合于义呢？」然后才接受，因为这样做是不恭敬，所以也就不拒绝接受了。」

万章说：「请不要用语言去拒绝，而在心里拒绝他，心想：「他的赠送是取之于民的不义之财。」然后用别的借口不接受他的，这样做不是很好吗？」

孟子说：「他以正道来相交往，以礼节来相接触，这样就是孔子也是会接受他赠送的礼物的。」

万章说：「假如现在有人在京都郊野拦路抢劫，他也以正道来相交往，以礼节来有所馈赠，这样难道还可以接受他那抢来的横财

廉洁守正

君子当不受不义之财，廉洁奉公，历代这样廉洁者并不鲜见。明朝时有一著名的廉吏屠任，他到湖南武陵去做知县，在任九年，一毫不贪。曾经有人送他瓜果蔬菜，他拒不接受，说：「这就是贿赂的开始啊。」及至屠任死去，身后只留下了几箱书。

不成？』

孟子说：『不可以。《康诰》中曾经这样说：「杀害行人，劫夺财物，一味强横，一点也不怕死，（对于这种人，）百姓没有不对他恨之入骨的。」这种人没必要等待先进行教育就可以直接诛杀他。殷朝继承了夏朝这条法规。周朝又继承了殷朝这条法规，这是它们所不愿更改的；现在这种杀人抢劫财物的行为就更是厉害了，怎么能接受这种馈赠呢？』

万章说：『现在的诸侯从百姓那里榨取血汗，跟强盗杀人劫物的行径差不多。如果他们把相交往的礼节表演得很出色，这样君子就可以接受他们的馈赠，请问这又该怎样解释呢？』

曰：『子以为有王者作，将比今之诸侯而诛之乎？其教之不改而后诛之乎？夫谓非其有而取之者盗也，充类至义之尽也。孔子之仕于鲁也，鲁人猎较[1]，孔子亦猎较。猎较犹可，而况受其赐乎？』

曰：『然则孔子之仕也，非事道与？』

曰：『事道也。』

『事道奚猎较也？』

曰：『孔子先簿正祭器，不以四方之食供簿正。』

曰：『奚不去也？』

曰：『为之兆也。兆足以行矣，而不行，而后去，是以未尝有所终三年淹也。孔子有见行可之仕，有际可之仕，有公养之仕。于季桓子[2]，见行可之仕也；于卫灵公[3]，际可之仕也；于卫孝公[4]，公养之仕也。』

周武王

周武王灭商以后，对待商朝的旧臣诸侯等，没有大开杀戒，而是予以优待，以此来安抚天下。后世孔孟都非常推崇武王的做法，认为他是一个贤明的君主。

注释

①猎较：古代风俗，打猎时争夺猎物，以所得用作祭祀。②季桓子：鲁国的正卿。③卫灵公：卫国国君，前534年至前493年在位。④卫孝公：不见于史书记载，可能是卫出公。

译文

孟子说：『你以为有圣王兴起，会将现在的诸侯不问青红皂白一股脑儿全部杀掉呢？还是先教育他们，如果再不悔改然后再杀掉呢？（人们）说不是他所应该有的东西却要去取它到手是盗贼的行径，那只是扩充它的意义，提高到最高原则上来说的，（并不是把他就看做是真的盗贼。）孔子在鲁国做官时，鲁国人开展猎物多少的竞赛活动，孔子也参加这种竞赛活动。参加猎物多少的竞赛活动尚且可以，更何况接受他们赠送的礼物呢？』

万章说：『那么孔子的做官，难道不是为了实现自己的政治主张么？』

孟子说：『是为了实现自己的政治主张。』

万章紧接着问道：『为了实现政治主张，为什么又要去参加猎物多少的竞赛活动呢？』

庄子

在任何职位都应该做适合的事情，这才是君子的做法。不应以官小就不为。庄子早年做过漆园小吏，虽为生计所迫，但是庄子仍尽忠职守。

孟子答道：『孔子先用文书规定祭器的数目，并且规定不得用四方难以获得的食物来盛在文书规定的祭器中充祭品，（这样，为了获得猎物供祭祀的「猎较」活动久而久之，便会自动废止了。）』

万章又问：『（孔子）为什么不离开呢？』

孟子说：『（孔子）是要先开个头，（试行一下自己的政治主张，）如果这个开头证明自己的政治主张可以行得通，而主管其事的人君却不肯实行，然后才离去，所以孔子（在他所到过的国家）从来不曾有呆过三年整的。孔子（做官大约有这样三种情况：）有的是看见有行道的可能而做官，有的是因国君对自己能以礼相待而做官，有的则是由于国君能够养贤而做官。对于季桓子，就是看见有行道的可能而做官的；对于卫灵公，就是因国君对自己能以礼相待而做官的；对于卫孝公，则是由于国君能够养贤而做官的。』

原文

孟子曰：『仕非为贫也，而有时乎为贫；娶妻非为养也，而有时乎为养。为贫者，辞尊居卑，辞富居贫。辞尊居卑，辞富居贫，恶乎宜乎？抱关击柝。孔子尝为委吏矣，曰：「会计当而已矣。」尝为乘田矣，曰：「牛羊茁壮长而已矣。」位卑而言高，罪也；立乎人

之本朝而道不行，耻也。』

译文

孟子说：『做官不是为了贫穷，但有时也会为了贫穷；娶妻子不是为了奉养双亲，但有时也会为了奉养双亲。由于贫穷而被迫出来做官的，就该不作高官，甘居小职，不拿厚禄，甘得薄俸。不作高官，甘居小职，不拿厚禄，甘得薄俸，那么，以干点什么工作最为合适呢？那当看门打更的人也就行了。孔子就曾经做过仓库管理员，他说：「只不过做到账目清楚罢了。」他也曾经当过看牲畜园子的小吏，他说，「只不过把园子里的牛羊养得膘肥体壮罢了。」职位卑下的人却好高谈阔论，上议朝政，那是一种罪过；在人家的朝廷里当大官，却不能推行正确的政治主张，这也是一种耻辱。』

原文

万章曰：『士之不托诸侯，何也？』

孟子曰：『不敢也。诸侯失国，而后托于诸侯，礼也；士之托于诸侯，非礼也。』

万章曰：『君馈之粟，则受之乎？』

曰：『受之。』

『受之何义也？』

曰：『君之于氓也，固周之。』

曰：『周之则受，赐之则不受，何也？』

曰：『不敢也。』

曰：『敢问其不敢何也？』

曰：『抱关击柝者皆有常职以食于上。无常职而赐于上者，以为不恭也。』

曰：『君馈之，则受之，不识可常继乎？』

万章问道：『士不能依靠诸侯他们过日子，这是为什么？』

孟子说：『不敢这样做。诸侯失掉了自己的国家，然后寄居在别的诸侯国家当寓公，这是于礼相合的；士作诸侯国的寓公，就是不合乎礼的。』

万章又问：『国君要是送给他粮食，那接不接受呢？』

孟子说：『接受。』

『为什么要接受呢？』

孟子说：『国君对于流落在他国内的外侨，本有周济的义务。』

万章说：『周济他就接受，赐与就不接受，这又是为什么呢？』

孟子说：『不敢接受。』

万章说：『请问不敢接受的理由是什么？』

孟子说：『看门和打更的小吏都是由于有正常的职务才受上面的给养，没有正当的职务却接受上面的赐与，在人们看来是不恭敬的行为。』

万章说：『国君送东西给他，就接受，不知道可不可以经常这样做？』

帝尧

中国古代传说的圣王，姓尹郭，号放勋，因封于唐，故称『唐尧』。年老时将帝位禅让给舜。是儒家学说中圣王的典范。

原文

曰：『缪公之于子思也，亟问，亟馈鼎肉。子思不悦。于卒也，摽使者出诸大门之外，北面稽首再拜而不受，曰：「今而后知君之犬马畜伋。」盖自是台无馈也。悦贤不能举，又不能养也，可谓悦贤乎？』

曰：『敢问国君欲养君子，如何斯可谓养矣？』

曰：『以君命将之，再拜稽首而受。其后廪人继粟，庖人继肉，不以君命将之。子思以为鼎肉使己仆仆尔亟拜也，非养君子之道也。尧之于舜也，使其子九男事之，二女女焉，百官牛羊仓廪备，以养舜于畎亩之中，后举而加诸上位，故曰，王公之尊贤者也。』

译文

孟子说：『过去缪公对于子思，屡次派人去问候，并赠送肉食。子思心里很不高兴。到最后，把使者撵出大门外，朝着北面叩头，一再作揖，拒绝接受缪公赠送的东西，并且说：「从今以后我才知道您大王是把我孔伋当作狗马一样地畜养。」从此仆人就不再（给子思）送东西了。喜爱贤士既不能提拔，又不能奉养，这能说是喜爱贤士吗？』

万章说：“请问国君要奉养贤士，怎样做才真算是奉养贤士呢？”

孟子说：“（第一次馈送东西，）以国君的名义送给他，他便一再作揖叩头接受下来。以后管粮仓的人经常送粮食，管膳食的人经常送肉食，就不再用国君的名义去送了。子思认为（鲁缪公）馈送肉食害得自己十分麻烦地一再作揖下跪，这不是奉养君子的正确作法。从前尧的对待舜，派他的九个男孩尊舜为老师，把两个女儿嫁给他，替舜服役的各种工作人员以及牛羊仓库，应有尽有，以奉养舜于田野之中，然后提拔他放在高位上，因此说，这才是王公尊敬贤士的典范。”

原文

万章曰：“敢问不见诸侯，何义也？”

孟子曰：“在国曰市井之臣，在野曰草莽之臣，皆谓庶人。庶人不传质为臣，不敢见于诸侯，礼也。”

万章曰：“庶人，召之役，则往役；君欲见之，召之，则不往见之，何也？”

曰：“往役，义也；往见，不义也。且君之欲见之也，何为也哉？”

曰：“为其多闻也，为其贤也。”

曰：“为其多闻也，则天子不召师，而况诸侯乎？为其贤也，则吾未闻欲见贤而召之也。缪公亟见于子思，曰：‘古千乘之国以友士，何如？’子思不悦，曰：‘古之人有言曰，事之云乎，岂曰友之云乎？’子思之不悦也，岂不曰：‘以位，则子，君也；我，臣也；何敢与君友也？以德，则子事我者也，奚可以与我友？’千乘之君求与之友而不可得也，而况可召与？齐景公田，招虞人以旌，不至，将杀之。志士不忘在沟壑，勇士不忘丧其元。孔子奚取焉哉？取非其招不往也。”

范蠡像

贤明之人奉请君子都会恭恭敬敬，亲自拜谒，不是随便呼喝或者命人去请。文种到达宛县，听说范蠡的形迹，十分倾慕，派小吏前去请召。范蠡避而不见，几次以后，文种意识到自己这不是请君的做法，于是亲自前去拜谒范蠡。后文种与范蠡结成好友，一同出楚奔越。

译文

万章问道：『请问作为一个士人不愿意去谒见诸侯，这是什么意思呢？』

孟子回答说：『（不在职的士人）住在都城的叫做市井之臣，住在农村的叫做草莽之臣，统称为百姓。百姓没有传送见面礼成为臣属，不敢谒见诸侯，这是合乎礼的。』

万章继续问：『百姓，国君召他服役，就去服役；国君要见他，召他，却不去见国君，是什么缘故呢？』

答道：『去服役，是应该的；去谒见，是不应该的。而且国君要见他，这是为什么呢？』

万章说：『是因为他见多识广，是因为他德高望重。』

孟子说：『假如因为他见多识广，（国君要拜他做老师，）那么就算是天子也不便召见老师的，更何况是诸侯呢？如果因为他德高望重，那么我就从没有听说过想和德高望重的贤士会晤却去召见他的。鲁缪公多次去访问子思，问道：「古代能出兵车千辆的大国之君跟士人交朋友，情况会怎么样呢？」子思心里不高兴，答道：「古代人的话是说，（对于士人，）国君应该拜他做老师，难道是说跟他

杜甫

大凡君子名士总是和与自己品性相近、志趣相投的名士结交，向他们学习，不断提升自己。自古以来，君子之间互慕高义的数不胜数，还有向前代先贤学习者更不计其数。李杜二人虽相差十多岁，但是却结为知己好友，相互酬唱。

交朋友吗？」子思不高兴的原因，难道不是这样的意思吗：「论地位，那么你，是君主；我，是臣子，（臣子）岂敢和君主交朋友呢？论品德，那你就该是拜我做老师的人，怎么可以跟我交朋友呢？」千乘的大国之君想跟他交朋友都办不到；更何况（要他）服从召唤呢？从前齐景公去打猎，拿饰有羽毛的旗子召唤管猎场的小吏，小吏不来见，（景公）将要杀掉他。一个有志之士正直不苟，不怕惨遭杀戮，尸填沟坑，一个勇敢的人临危不乱，哪怕要掉脑袋，（这不是孔子当年赞颂这个小吏的话么，）孔子取他哪一点呢？就是取他敢于坚守礼义，不接受不合乎礼仪的召唤。」

原文

曰：『敢问招虞人何以？』

曰：『以皮冠。庶人以旃，士以旂，大夫以旌。以大夫之招招虞人，虞人死不敢往；以士之招招庶人，庶人岂敢往哉？况乎以不贤人之招招贤人乎？欲见贤人而不以其道，犹欲其入而闭之门也。夫义，路也；礼，门也。惟君子能由是路出入是门也。《诗》云：「周道如底，其直如矢；君子所履，小人所视。」』

万章曰：『孔子，君命召，不俟驾而行；然则孔子非与？』

曰：『**孔子当仕有官职，而以其官召之也。**』

问：『请问召唤管猎场的小吏该用什么东西？』

答：『用皮帽子。召唤普通百姓用上面有花纹的整幅丝绸做的旗子，召唤士人用悬有铃铛上面画有相交的二龙的旗子，召唤大夫用饰有羽毛的旗子。用召唤大夫的旗子去召唤管猎场的小吏，小吏死也不敢去；用召唤士人的旗子去召唤普通百姓，普通百姓能敢去吗？何况用召唤不贤的人的旗子（或礼节）去召唤贤德的人呢？想见到贤德的人却不遵循应有的礼数，那就像是想他进屋子却把门关起来。义，就像是路；礼，就像是门。只有有德的君子才能打这条路走，打这个门出进。《诗》里说：「大路像磨刀石一般平，又像箭头一般直，有德君子在上面走，百姓步步来效法。」』

万章最后又问：『听说孔子，国君一有命令召唤，总是等不到套好马车就走；那么孔子做得不对么？』

孟子答道：『孔子当时正在做官，担任了职务，上面的国君是凭他的职务召唤他的。』

原文

孟子谓万章曰：『一乡之善士，斯友一乡之善士，一国之善士，斯友一国之善士，天下之善士，斯友天下之善士。以友天下之善士为未足，又尚论古之人。颂其诗，读其书，不知其人，可乎？是以论其世也。是尚友也。』

译文

孟子对万章说：『一个乡村里的名士就跟另一个乡村里的名士交朋友，一个国家的名士就和另一个国家的名士交朋友，名闻天下的人士就和名闻天下的人士交朋友。假如感到和天下闻名的人士交朋友还不能满足自己的要求，便又向上评论古代的人，吟诵他们的诗歌，研读他们著的书，但是不了解他们的为人，可以吗？所以还要议论一下他们所处的时代，（看看他们在那个时代中起过什么作用。）这就叫做追溯到上代跟古代的著名人物做朋友。』

齐宣王问卿。

孟子曰：『王何卿之问也？』

王曰：『卿不同乎？』

曰：『不同。有贵戚之卿，有异姓之卿。』

王曰：『请问贵戚之卿。』

曰：『君有大过则谏，反覆之而不听，则易位。』

王勃然变乎色。

曰：『王勿异也。王问臣，臣不敢不以正对。』

王色定，然后请问异姓之卿。

曰：『君有过则谏，反覆之而不听，则去。』

齐宣王问及有关卿的问题。孟子说：『大王您问的是哪一种卿呢？』

宣王说：『卿难道还有不一样的吗？』

孟子说：『有。有出身王族的卿，有不是出身王族的卿。』

宣王说：『请问出身王族的卿怎样？』

孟子答道：『国君有重大的罪过便进谏；反复劝谏他不听从就改立另一位贤能的国君。』

宣王（被吓得一下子脸）变了颜色。

孟子说：『大王不要感到奇怪。大王问我，我不敢不拿实话回答您。』

宣王脸色恢复了正常，然后再问与王族不同姓的卿怎样。

孟子说：『国君有过错就进谏，反复劝谏了他不听从，就离职到别的国家去。』

告子章句上

告子曰：『性犹杞柳也，义犹桮棬也；以人性为仁义，犹以杞柳为桮棬。』

孟子曰：『子能顺杞柳之性而以为桮棬乎？将戕贼杞柳而后以为桮棬也？如将戕贼杞柳而以为桮棬，则亦将戕贼人以为仁义与？率天下之人而祸仁义者，必子之言夫！』

译文

告子说：『人性好比是杞柳树，仁义好比是木做的杯盘；使人性具备仁义，就像是把杞柳树做成杯盘，（靠的是人为的力量。）』

孟子说：『你能顺着杞柳树的本性去做成杯盘吗？还得要残害杞柳树的本性然后才能做成杯盘吧。假如说要残害杞柳树的本性才能做成杯盘，那么（你）也要残害人的本性才能使它具备仁义么？带领天下的人共同来祸害仁义的，一定是你这种论调啊！』

原文

告子曰：『性犹湍水也，决诸东方则东流，决诸西方则西流。人性之无分于善、不善也，犹水之无分于东西也。』

孟子曰：『水信无分于东西，无分于上下乎？人性之善也，犹水之就下也。人无有不善，水无有不下。今夫水，搏而跃之，可使过颡；激而行之，可使在山。是岂水之性哉？其势则然也。人之可使为不善，其性亦犹是也。』

周处

孟子认为，人性本善，如果人做了坏事，也是环境影响，形势所迫，并非出于人的本性。周处的例子很能证明这一点。周处年少时性情暴戾，乡人皆患之，将其与山虎、水蛟并称为『三害』。周处上山打虎，入水击蛟，幡然醒悟，改过自新。乡人皆敬重他。

译文

告子说：『人性就像急流的水一样，在东方冲开了个缺口便向东方流去，在西方冲开了缺口便向西方流去。人性的没有善和不善，就好像水流本不分东西流向相同。』

孟子说：『水的确本不分东西流向，但是水也不分上下一定的流向么？人性的向善，便和水爱向低处流一样。人（的本性）是没有不善良的，水（的本性）是没有不向下流的。那水，你一拍打它使它跳跃起来，当然，一时也可以使它高出你的额头，你设法阻挡它，一时也可以使它飞流上山。这难道是水的本性么？这是形势逼着它如此。人的本性可以使之干坏事，他的本性的变化也和（用外力）改变水的本性一样。』

原文

告子曰：『生之谓性。』

孟子曰：『生之谓性也，犹白之谓白与？』

曰：『然。』

『白羽之白也，犹白雪之白；白雪之白，犹白玉之白与？』

曰：『然。』

『然则犬之性犹牛之性，牛之性犹人之性与？』

译文

告子说：『天生的禀赋就叫性。』

孟子说：『天生的禀赋就叫性，就像白色的东西就叫白吗？』

告子说：『是』。

『白羽毛的白，和白雪的白一样，白雪的白和白玉的白一样吗？』

告子说：『是。』

『那么狗的生性和牛的生性一样，牛的生性和人的生性一样吗？』

原文

告子曰：『食色，性也。仁，内也，非外也；义，外也，非内也。』

孟子曰：『何以谓仁内义外也？』

曰：『彼长而我长之，非有长于我也；犹彼白而我白之，从其白于外也，故谓之外也。』

曰：『异于白马之白也，无以异于白人之白也；不识长马之长也，无以异于长人之长与？且谓长者义乎？长之者义乎？』

曰：『吾弟则爱之，秦人之弟则不爱也，是以我为悦者也，故谓之内。长楚人之长，亦长吾之长，是以长为悦者也，故谓之外也。』

曰：『耆秦人之炙，无以异于耆吾炙，夫物则亦有然者也，然则耆炙亦有外与？』

王阳明

孟子等先贤强调性的内在性，认为仁义都存在于人的内心。发展到后世，越来越多的理学家将内心的地位抬高到无法企及的位置。例如王阳明就认为『心外无物』，凡人所见到的，不过是人内心世界的一种反映罢了。

译文

告子说：『饮食和男女两件事，是人的本性。仁，存在于人本身之内，不是显现在本身之外；义，存在于人本身之外，不是在本身之内。』

孟子说：『凭什么说仁在身内义在身外呢？』

答道：『由于他年长所以我将他看做长者加以尊敬，年长在他不在于我，就好像它是白色的东西因而我认为它白。这是由于外在物的白色所决定的，（并不是我脑子里先存有白色的观念，）所以说它是外在的东西。』

问道：『白马的白和白人的白虽然没有什么不同，但不知对老马的尊敬跟对年长的人的尊敬是不是一样呢？而且你所说的义，是指长者呢，还是指尊敬长者的心呢？（如果义不在于他的年长，而在于我尊敬长者之心，那么，义就还是在内不是在外哩。）』

告子（继续辩解）：『对于我自己的弟弟就爱，对于秦人的弟弟就不爱，这就可见爱不爱在于我自己，所以我（把仁）叫做内在的东西。尊敬楚人的长者，也尊敬我的长者，这可见爱不爱决定于他人的年长，所以我（把义）叫做外在的东西。』

孟子（继续反驳）说：『爱吃秦人的烧肉和爱吃我们自己的烧肉是没有多少区别的，看来各种事物也都有相类似的情况，那么喜爱吃烧肉的心思难道也是存在于身外吗？（这样，「食色」还能称之为「性」么？）』

原文

孟季子[1]问公都子曰：『何以谓义内也？』

曰：『行吾敬，故谓之内也。』

『乡人长于伯兄一岁，则谁敬？』

曰：『敬兄。』

『酌则谁先？』

曰：『先酌乡人。』

『所敬在此，所长在彼，果在外，非由内也。』

公都子不能答，以告孟子。

孟子曰：『「敬叔父乎？敬弟乎？」彼将曰：「敬叔父。」曰：「弟为尸[2]，则谁敬？」彼将曰：「敬弟。」子曰：「恶在其敬叔父也？」彼将曰：「在位故也。」子亦曰：「在位故也。庸敬在兄，斯须之敬在乡人。」』

季子闻之，曰：『敬叔父则敬，敬弟则敬，果在外，非由内也。』

公都子曰：『冬日则饮汤，夏日则饮水，然则饮食亦在外也？』

注释

①孟季子：孟仲子之弟。或说为任国国君之弟季任。②尸：古代祭祀时，代死者受祭、象征死者神灵

的人，以臣下或死者的晚辈充任。后世改为用神主、画像。

译文

孟季子问公都子道：『为什么说义是内在的东西呢？』

答道：『（对人）表达内心的崇敬，所以说义在身内。』

『如果有个乡里的人比你大哥大一岁，那么你尊敬谁呢？』

答道：『尊敬大哥。』

『要是同席斟酒那你先给谁斟呢？』

答道：『先给乡里的人斟。』

『（这样看来，）那内心所尊敬的在这里（指大哥），外面所表示礼敬的却在那里（指乡里人），那义毕竟是在身外，并不是从内心产生的义。』

公都子不能回答这问题，就把它告诉了孟子。

孟子说：『（你可以反问他，）应该尊敬叔父呢？还是尊敬弟弟呢？他将回答说尊敬叔父。（你可以进一步）问道，「假如弟弟（在祭祖先时）充任受祭的代理人，那么该尊敬谁呢？」他将回答说尊敬弟弟。你就可以再问，「（那你刚才说）该尊敬叔父的道理又在哪里呢？」他将回答因为弟弟处在尸位的缘故。那你也同样可以说因为乡里人处在客位的缘故。对哥哥是恒常的尊敬，对乡里人是暂时的尊敬。』

季子听了这些话后，说：『尊敬叔父是（在这样的情况下）去尊敬，尊敬弟弟却（又是在那样的情况下）才给予他尊敬，看起来义毕竟在于身外，并不是发自内心。』

公都子听了反问道：『（人们）冬天就喝热茶，夏天就喝凉水（照你的说法，）那么饮食也不是出于内在的需要而是由外在的原则所决定的吗？』

原文

公都子①曰：『告子曰：「性无善无不善也。」或曰：「性可以为善，可以为不善。是故文武兴，则民好善；幽厉②兴，则民好暴。」或曰：「有性善，有性不善。是故以尧为君而有象，以瞽瞍为父而有舜，以纣为兄之子，且以为君，而有微子启、王子比干。」今曰「性善」，然则彼皆非与？』

孟子曰：『乃若其情，则可以为善矣，乃所谓善也。若夫为不善，非才之罪也。恻隐之心，人皆有之；羞恶之心，人皆有之；恭敬之心，人皆有之；是非之心，人皆有之。恻隐之心，仁也；羞恶之心，义也；恭敬之心，礼也；是非之心，智也。仁义礼智，非由外铄我也，我固有之也，弗思耳矣。故曰：「求则得之，舍则失之。」或相倍蓰而无算者，不能尽其才者也。《诗》曰：「天生烝民，有物有则。民之秉夷，好是懿德。」孔子曰：「为此诗者，其知道乎！故有物必有则；民之秉夷也，故好是懿德。」』

注释

①公都子：孟子的学生。②幽厉：指周幽王、周厉王，周代两个暴君。

译文

公都子说：『告子说：「人性本没有善和不善。」有的人又说：「人性可以使它变得善，也可以使它变得不善，所以周文王和武王（这样的圣王）产生了，人民就向善成风；周幽王和厉王（这样的暴君）出现了，人民便多趋向暴戾。」还有一种这样的说法：「人性有的善，有的不善，所以哪怕有尧这样的圣人

宋江与戴宗

孟子的仁义学说在宋朝被发挥到了极致，从上到下，所有阶层都推崇『义』，水浒草莽之徒，也以义为先。梁山一〇八好汉都是仁义之徒，特别重兄弟情义。

为君，却难免出现象这样的坏蛋；虽说有瞽瞍这样缺德的人为父，却还是生了大舜这样的好儿子；以纣那样暴虐的人作侄儿，而且作了君主，却同时存在着微子启、王子比干这样以仁德著称的叔父。』现在老师您说人性本来都善良，那么他们说的都不正确么？』

孟子说：『要说人本来的质性，就都可以使之趋向善良，这便是我所说的人性本善。至于有的人不干好事，不能责怪他的质性不好。怜悯他人灾难的心，人人都有；做了不光彩的事感到羞耻的心，人人都有；对人有礼貌的心，人人都有；判断事物是和非的心，人人都有。怜悯他人灾难的心便是仁；对不光彩的事感到羞耻的心便是义；对人有礼貌的心便是礼；判断事物是非的心便是智。仁义礼智的美德，不是由外面虚饰而成的，是我本身原来就具有的，不过没有自觉地意识到它们罢了。所以说，「只要去探索它们，便不难获得，一旦放弃它们，就一定会失掉。」有的人（比别人）相差一倍、五倍甚至无数倍，他们便是那种不能充分发挥天生优美的才性的人。《诗》中说过：「老天生育百姓，有事物便有法则。百姓掌握常道，便喜爱美德。」孔子说：「作这篇诗的人，大概是懂得道理的啊！所以世间在事物必然便有法则；百姓能掌握天生常道，所以便常常喜爱这美德。」（这可作为人性本来就善良的佐证。）』

原文

孟子曰：『富岁，子弟多赖；凶岁，子弟多暴。非天之降才尔殊也，其所以陷溺其心者然也。今夫麰麦，播种而耰之，其地同，树之时又同，浡然而生，至于日至之时，皆熟矣。虽有不同，则地有肥硗，雨露之养、人事之不齐也。故凡同类者，举相似也，何独至于人而疑之？圣人，与我同类者。故龙子曰：「不知足而为屦，我知其不为蒉也。」屦之相似，天下之足同也。口之于味，有同耆也；易牙[1]先得我口之所耆者也。如使口之于味也，其性与人殊，若犬马之与我不同类也，则天下何耆皆从易牙之于味也？至于味，天下期于易牙，是天下之口相似也。惟耳亦然，至于声，天下期于师旷[2]，是天下之耳相似也。惟目亦然，至于子都[3]，天下莫不知其姣也。不知子都之姣者，无目者也。故曰，口之于味也，有同耆焉；耳之于声也，有同听焉；目之于色也，有同美焉，至于心，独无所同然乎？心之所同然者何也？谓理也，义也。圣人先得我心之所同然耳。故理义之悦我心，犹刍豢之悦我口。』

注释

①易牙：春秋时齐国最擅烹调的人，齐桓公的宠臣。②师旷：春秋时晋平公的乐师，生而目盲，善辨音律。③子都：春秋时代美男子。

译文

孟子说：『丰收的年成，青年子弟懒惰的多，收成不好的年岁，青年子弟强暴的多，这并不是天生人的资质有这样的不同，而是由于外在的因素影响了他们的心（思想）才变得这样。譬如种大麦吧，播下种子去把地耙平，土地一样，栽种的时候也一样，它们便蓬蓬勃勃的生长，到了夏至前后，大约全都成熟了。就算有的例外，那也是由于土质的肥瘠、雨露的多寡和人工管理的好坏有所不同的缘故。所以凡是同类的东西，差不多都是相似的，为什么独独对于人却要怀疑呢？圣人跟我们是同类的。因此龙子说：「即使不了解脚的大小样子去编草鞋，我知道决不会编成盛土的草包的。」草鞋样式的相似，说明天下人的脚是一样的。人们的口对于味道，有相同的嗜好。（以烹调著名的厨师）易牙早就掌握了我们所嗜好的口味，（所以他烹调的菜为人们所喜爱。）假如人们的口味，生来就与别人不同，像狗和马跟我们不同类一个样，那么天下的人为什么都喜欢追求易牙烹调的口味呢？谈到口味，天下的人都巴望着尝到易牙烹调的口味，这说明天下的人的口味是相似的。就是耳朵也是这样。谈到声乐，天下的人都巴望能听到名乐师旷演奏的乐曲，这说明天下人的耳朵都是相似的。就是眼睛也是这样。一谈到美男子子都，天下的人没有不知道他的漂亮的。不能鉴别子都漂亮的，那简直是没长眼睛的人。所以说，口对于味道，有相同的嗜好；耳朵对于声音，有相同的听觉；眼睛对于美色，有相同的审美情趣。谈到心，难道没有一致肯定的东西么？人心所一致肯定的东西是什么呢？是理，是义。圣人不过是早就掌握了我们心里所肯定的东西罢了。所以理和义之使我的心喜爱，就和牛羊狗马的肉令我喜爱是一样的。」

孟子曰：『牛山①之木尝美矣，以其郊于大国也，斧斤伐之，可以为美乎？是其日夜之所息，雨露之所润，非无萌蘖之生焉，牛羊又从而牧之，是以若彼濯濯也。人见其濯濯也，以为未尝有材焉，此岂山之性也哉？虽存乎人者，岂无仁义之心哉？其所以放其良心者，亦犹斧斤之于木也，旦旦而伐之，可以为美乎？其

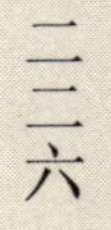

日夜之所息，平旦之气，其好恶与人相近也者几希，则其旦昼之所为，有梏亡之矣。梏之反复，则其夜气不足以存；夜气不足以存，则其违禽兽不远矣。人见其禽兽也，而以为未尝有才焉者，是岂人之情也哉？故苟得其养，无物不长；苟失其养，无物不消。孔子曰：『操则存，舍则亡；出入无时，莫知其乡。』惟心之谓与？』

注释

①牛山：齐国首都临淄郊外的山。

译文

孟子说：『牛山上的树木曾经长得非常茂盛，由于它生长在大都市的郊野，人们经常用斧子去砍伐它，它还可以保持它的茂盛吗？这就是说，虽然它日日夜夜在生长，雨露也在不断的滋润着它，也并不是说没有新芽和旁枝长出来，牛羊又在山上牧放时糟踏它，因此牛山便成为那样光秃秃的了。人们看见它光秃秃的了，便误以为它从来没有生长过树木，这难道是山的本来面目（本性）么？虽是在人的身上，（不是也和山上的有树木一样，）难道没有仁义之心吗？之所以有的人会丧失他那种原有的善心，那也是象斧子对于牛山上的树木一样，天天去砍伐它，它还可以保持原来的茂盛吗？尽

孟子受教

久居兰室，不闻其香；久居鲍肆，不觉其臭。环境对人的影响之大，可见一斑。孟子对环境的影响极为注意，皆因他自己深有体会。孟子小时住在墓地不远处，见的多了，也跟人学起了丧葬的仪式来。孟母十分担忧，于是将家迁到市集旁，孟子又跟着商贩学叫卖。孟母再次迁居，到书院旁，孟子这时才安心学习，终有所成。

管他日日夜夜潜滋暗长的善心，凌晨时接触到的清明之气，促成了他有了少许与别人相接近的好恶，可他第二天的所作所为，又来搅乱他，使他丢失了刚刚产生的那一点儿与别人相接近的好恶。这样三番四次地不断扰乱，那么凌晨了所接触的那种清明之气也不足以保存他那点儿刚刚恢复的善心，清明之气既然不足以保存他那点儿善心，那他就离禽兽不远了。人们看见他沦为禽兽，便以为他从不曾有过好的资质，难道人的本性是这样么？所以要是真的得到正当的培养，没有什么东西（善性）不会生长的；相反，要是真的失去了正当培养，没有什么东西（善性）不会消失了。孔子说：「把握它就存在，放弃它就消亡，出和入没有定时，也不知它居住什么地方。」这就是指心说的吧！』

原文

孟子曰：『无或乎王之不智也。虽有天下易生之物也，一日暴之，十日寒之，未有能生者也。吾见亦罕矣，吾退而寒之者至矣，吾如有萌焉何哉？今夫弈之为数，小数也；不专心致志，则不得也。弈秋，通国之善弈者也。使弈秋诲二人弈，其一人专心致志，惟弈秋之为听。一人虽听之，一心以为有鸿鹄将至，思援弓缴而射之，虽与之俱学，弗若之矣。为是其智弗若与？曰：非然也。』

译文

孟子说：『别对王的不聪明感到奇怪吧。（培养人正如培养植物，）哪怕是天下容易生长的植物，你让它晒一天太阳，又搁在阴凉的地方冷它十天，那就没有能够活下去的了。我见到王的次数很少，我一退出，那些泼冷水（陷王于不义）的人接着便到了，我又能拿他那刚刚萌发出来的一点点善心怎么样呢？

『下棋这种技艺，本来是一种小技艺；如果不聚精会神地学，便学不到手。奕秋，是全国的下棋能手。

如果让奕秋教两个人下棋，其中一个聚精会神，就只听奕秋的话。另一个表面上虽然好像也在听，实际上他心里一直以为天鹅快要飞来了，想拿起弓箭去射它，这样，这个人尽管和前面那个人一块儿学，成绩便赶不上人家了。你说这是他的智慧不如人家吗？我说，不是这样。』

原文

孟子曰：『鱼，我所欲也；熊掌，亦我所欲也。二者不可得兼，舍鱼而取熊掌者也。生，亦我所欲也；义，亦我所欲也。二者不可得兼，舍生而取义者也。生亦我所欲，所欲有甚于生者，故不为苟得也；死亦我所恶，所恶有甚于死者，故患有所不辟也。如使人之所欲莫甚于生，则凡可以得生者，何不用也？使人之所恶莫甚于死者，则凡可以辟患者，何不为也？由是则生而有不用也，由是则可以辟患而有不为也。是故所欲有甚于生者，所恶有甚于死者，非独贤者有是心也，人皆有之，贤者能勿丧耳。一箪食，一豆[①]羹，得之则生，弗得则死，嘑尔而与之，行道之人弗受；蹴尔而与之，乞人不屑也。万钟[②]则不辨礼义而受之，万钟于我何加焉？为宫室之美、妻妾之奉、所识穷乏者得我与？乡为身死而不受，今为宫室之美为之；乡为身死而不受，今为妻妾之奉为之；乡为身死而不受，今为所识穷乏者得我而为之，是亦不可以已乎？此之谓失其本心。』

注释

①豆：古代盛羹汤的器具。②钟：古代量器，六石四斗为一钟。

译文

孟子说：『鱼，是我想得到的东西，熊掌，也是我想得到的东西；要是两样东西不能同时要到，我就宁愿不要鱼而要熊掌。生命是我所珍爱的，义也是我所珍爱的，要是两者不能同时得到，我就宁愿牺牲生

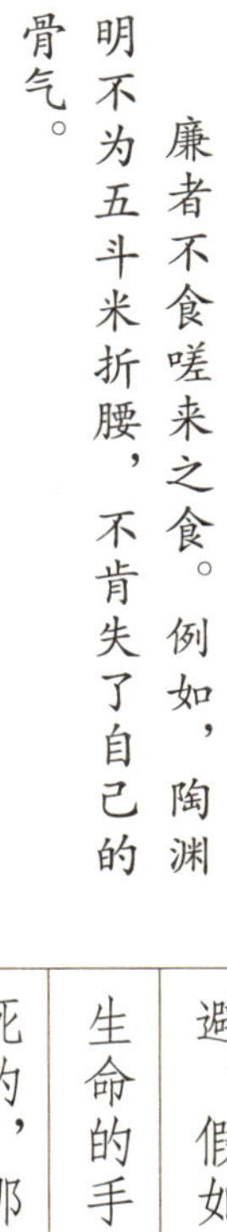

陶渊明　廉者不食嗟来之食。例如，陶渊明不为五斗米折腰，不肯失了自己的骨气。

命而取得义。生命也是我所珍爱的；但所珍爱的东西有的超过了生命，所以就不能干苟且偷生的勾当；死也是我所不愿意的，但所厌恶的东西有的超过了死，所以对于有的灾祸不能（作无原则的）逃避。假如使人们所珍爱的东西没有超过生命的，那就凡是可以保存生命的手段，哪样不会用上呢？如果使人们所厌恶的东西没有超过死的，那就凡是可以逃避灾祸的事情，哪种不会做呢？通过这样的手段就可以保存生命，可是有的人却不采用，只要这样做就可以逃避祸灾，可是有的人却愿意不干，所以，（这样看来，）人们所喜爱的东西有超过生命的，所厌恶的东西有超过死的。不单是贤德的人有这种心，人们都有，不过贤德的人不会丧失它罢了。一小筐饭，一小碗汤，得到它就可以活，得不到它就可能要死，可是（用轻蔑的态度）叱喝着施舍给别人，那怕是（饿着肚皮的）过路人也不会接受；用脚踢着施舍给别人，那就连叫化子也不屑要。可现在有的人竟对万钟的俸禄却不问是否合乎礼义便受下它。究竟万钟对于我能增加些什么呢？是为了住宅的豪华、妻妾的侍奉和所熟识的穷朋友（因获得周济）而对我感恩戴德吗？过去为了不蒙受耻辱宁愿身死也不愿接受，今天却为着要得到妻妾的侍奉而甘心这样做；过去为了不蒙受耻辱宁愿身死也不愿接受，今天却为着要使所熟识的穷朋友（因获得周济）对自己感恩戴德而甘心这样做，这些事不也应该罢手了么？这就叫做迷失了他的本性。』

原文

孟子曰：『仁，人心也；义，人路也。舍其路而弗由，放其心而不知求，哀哉！人有鸡犬放，则知求之；有放心，而不知求。学问之道无他，求其放心而已矣。』

译文

孟子说：『仁，是人心的本质；义，是人所必由的大道。舍弃人所必由的大道而不走，丧失人的良心而不知道去找回，真可悲呀！有些人的鸡狗走失了，便知道要去找回来，可良心丧失了，却不知道去寻找。做学问的秘诀没有别的，只不过是将已丧失的良心找回来而已。』

原文

孟子曰：『今有无名之指屈而不信，非疾痛害事也，如有能信之者，则不远秦楚之路，为指之不若人也。指不若人，则知恶之；心不若人，则不知恶。此之谓不知类也。』

译文

孟子说：『现在有个人无名指弯了不能伸直，尽管不是碍事的疾病，如果有能将它伸直的人，那就奔走秦国、楚国（去求医）也不觉得路远，这是因为手指比不上别人的缘故。手指不如别人，就知道不喜欢；心地不如别人，就不知道不喜欢，这就叫做分不清轻重缓急。』

原文

孟子曰：『拱把之桐梓，人苟欲生之，皆知所以养之者。至于身，而不知所以养之者，岂爱身不若桐梓哉？弗思甚也。』

译文

孟子说：『一两把手大小的桐树和梓树，人们如果真的要使它生长得好，便都知道怎样去培养它。至于对于他们自身，却不知道怎样去修养，难道爱他们自身还比不上爱桐树和梓树吗？归根结底在于太不会用心思了。』

原文

孟子曰：『人之于身也，兼所爱。兼所爱，则兼所养也。无尺寸之肤不爱焉，则无尺寸之肤不养也。所以考其善、不善者，岂有他哉？于己取之而已矣。体有贵贱，有大小，无以小害大，无以贱害贵。养其小者为小人，养其大者为大人。今有场师，舍其梧、槚，养其樲棘，则为贱场师焉。养其一指而失其肩背，而不知也，则为狼疾人也。饮食之人，则人贱之矣，为其养小以失大也。饮食之人无有失也，则口腹岂适为尺寸之肤哉？』

译文

孟子说：『人们对于身体，所有各部分都得爱护。所有各部分都得爱护，便所有各部分都得保养。没有一尺一寸的肌肤不爱护，便没有一尺一寸的肌肤不加保养。所以考察一个人对他的身体保养得好不好，难道有别的方法吗？不过是看他自己所看重的是身体的哪一部分罢了。身体的各部分有重要和不那么重要、

山涛

仁义和富贵很多时候不能兼得，或者道德高尚而要忍饥挨饿，或者抛弃仁义道德去追求富贵荣华。山涛本是竹林七贤之一，因贪图富贵而投靠当时掌权的司马氏，嵇康不齿他的作为，还特意作一篇《与山巨源绝交书》来表明自己的立场。

小和大的区别。不要因为小的部分妨害了大的部分，也不要因为不重要的部分妨害了重要的部分。只注意保养小的部分的人是小人，能注意保养大的部分的人便是大人。现在这里有个这样的园艺师，丢下那些贵重的材木梧树和梓树不管，却用心去培植那些没啥用处的酸枣和荆棘，那便是个蹩脚的园艺师。假如一个人仅仅注意保养自己的一个指头却让肩背丧失功能，而他自己还不知道，便算是一个糊涂虫。专门贪图饮食（而不顾品德培养）的人，人们便要鄙视他，因为他只注意保养身体小的部分而丧失大的部分。假如喜爱饮食的人无损于品德的培养，那满足口腹需要的目的，难道独独为了保养一尺一寸的肌肤吗？（因为培养品德也不是可以饿着肚皮的。）』

原文

公都子问曰：『钧是人也，或为大人，或为小人，何也？』

孟子曰：『从其大体为大人，从其小体为小人。』

曰：『钧是人也，或从其大体，或从其小体，何也？』

曰：『耳目之官不思，而蔽于物，物交物，则引之而已矣。心之官则思，思则得之，不思则不得也。此天之所与我者。先立乎其大者，则其小者不能夺也。此为大人而已矣。』

译文

公都子问道："都是一样的人，为什么有的人会成为大人君子，有的人却沦为卑微的小人？"

孟子说："顺从身体重要器官（心志）需要的便能成为大人君子，顺从它不重要器官需要的便沦为卑微小人。"

又问："同是一样的人，为什么有的人顺从身体重要器官的需要，有的却顺从它不重要器官的需要呢？"

答道："耳朵、眼睛一类器官不能思考，因而易被外物所蒙蔽。（耳朵眼睛）这种东西和外物一接触，就只有被外物（如声色狗马等利欲）所引诱罢了。心这种器官便善于思考，一加思考就能得到人的本来的善性，不思考便得不到。心是上天特意赋予我们人类的。（你）首先把心树立了，那么那些（耳、目、口、腹一类）次要器官便不会（由于外物的诱惑而）迷失（你）天生的善性了。成为圣人君子的道理不过是这样罢了。"

原文

孟子曰："有天爵者，有人爵者。仁义忠信，乐善不倦，此天爵也；公卿大夫，此人爵也。古之人修其天爵，而人爵从之。今之人修其天爵，以要人爵；既得人爵，而弃其天爵[1]，则惑之甚者也，终亦必亡而已矣。"

注释

①人爵、天爵：人爵，指通常所说的爵位，天爵指仁义忠信等。孟子认为这些是天然就值得尊贵的。

译文

孟子说："有天然的爵位，有人为的爵位。仁义忠信，好善不止，这便是天然的爵位；公卿大夫等官职，这便是人为的爵位。古代的人加强天然爵位（也即是品德）的修养，人为的爵位便随之而来了。现在的人修养天然的爵位（作为敲门砖），来追求人为的爵位；一旦人为的爵位到了手，便抛弃那天然的爵位，这就真是糊涂透顶，到最后也一定要闹到失去人为的爵位完事。』

原文

孟子曰：『欲贵者，人之同心也。人人有贵于己者，弗思耳。人之所贵者，非良贵也。赵孟[①]之所贵，赵孟能贱之。《诗》云：「既醉以酒，既饱以德。」言饱乎仁义也，所以不愿人之膏粱之味也；令闻广誉施于身，所以不愿人之文绣也。』

注释

①赵孟：春秋时晋国正卿赵盾，字孟。他的子孙如著名的赵文子赵武、赵简子赵鞅、赵襄子赵无恤等都因袭赵盾而称赵孟。这里以赵孟代指有权势的人物，不一定具体指哪一个。

译文

孟子说：『想要得到尊贵的地位，是人们共同的心愿。其实在每个人身上都有可尊贵的东西，只是自己没有去思考它而已。别人加给自己尊贵的东西，并不是最值得尊贵的。赵孟加官晋爵使之尊贵的人，赵孟也能夺去他的官爵使他变得地位低贱。《诗》中说：「既已请我喝醉酒，又用德泽润我身。」这是说仁义已使我富足了，也就不再羡慕别人肥肉白米的美味了；把名扬四海的好名声加在我的身上，也就不再羡慕做官人着的绣花衣裳了。』

原文

孟子曰：『仁之胜不仁也，犹水之胜火。今之为仁者，犹以一杯水救一车薪之火也；不熄，则谓之水不胜火，此又与于不仁之甚者也，亦终必亡而已矣。』

译文

孟子说：『仁的战胜不仁，就像是水要战胜火一样。现在那些行仁道的人，就像是拿一小杯水去扑灭一大车木柴所燃起的熊熊大火；扑灭不了，便说是水终究战胜不了火，这样的论调又助长了那些极端不仁的人，最后也一定会把他本来有的那点仁丧失了事。』

原文

孟子曰：『五谷者，种之美者也；苟为不熟，不如荑稗。夫仁，亦在乎熟之而已矣。』

译文

孟子说：『五谷，是粮食作物中的优良品种；但是如果种了不能成熟，那就反倒不如荑稗一类野生植物了。为仁（的要求）也只在于使它成熟罢了。』

原文

孟子曰：『羿之教人射，必志于彀；学者亦必志于彀。大匠诲人必以规矩，学者亦必以规矩。』

译文

孟子说：『羿教人射箭，必定把拉满弓作为最高要求；学射箭的人也必须把拉满弓作为最高要求。著名的木工师傅指教人，一定得使用圆规和曲尺，学做木工的人也一定要使用圆规和曲尺。』

告子章句下

任①人有问屋庐子②曰：『礼与食孰重？』

曰：『礼重。』

『色与礼孰重？』

曰：『礼重。』

曰：『以礼食，则饥而死；不以礼食，则得食，必以礼乎？亲迎③，则不得妻；不亲迎，则得妻，必亲迎乎？』

屋庐子不能对，明日之邹以告孟子。

孟子曰：『于答是也何有？不揣其本而齐其末，方寸之木，可使高于岑楼。金重于羽者，岂谓一钩金与一舆羽之谓哉？取食之重者与礼之轻者而比之，奚翅食重？取色之重者与礼之轻者而比之，奚翅色重！往应之曰：「紾兄之臂而夺之食，则得食；不紾，则不得食，则将紾之乎？逾东家墙而搂其处子，则得妻；不搂，则不得妻，则将搂之乎？」』

注释

①任：春秋时国名，故址在今山东济宁。②屋庐子：孟子的学生。③亲迎：古代结婚六礼之一，新郎亲自至女家，迎新娘入室，行交拜合卺之礼。

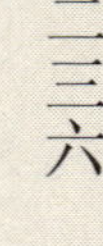

朱熹

孔子和孟子都十分重视礼仪伦常，到后世，特别宋明理学盛行之时，伦常教化更被提到无以复加的高度。朱熹就是这样一位重视纲常伦理的大儒。

译文

有位任国人问屋庐子道：『礼和食哪样更重要？』

答道：『礼重要。』

这个人紧接上去问道：『色和礼哪样重要？』

答道：『礼重要。』

问道：『要是按照礼节去找食物，就得饿死；不按照礼节去找食物，就能得到食物，是不是一定要按照礼节行事呢？要是行亲迎礼，就得不到妻子；不行亲迎礼，就能得到妻子，是不是一定得行亲迎礼呢？』

屋庐子不能回答这个问题，第二天便跑到邹国去把这些问题告诉孟子。

孟子说：『对于回答这些问题又有什么难处呢？如果不去度量它们的下面长短是一致，却一味的去比它们上面的高低，那么即使仅是块寸把厚的木板，（你把它搁在高地方，）你便可以使它比尖顶的高楼还要高。我们说金子比羽毛更重，难道是说一个小小金带钩的重量比一大车子羽毛还要重么？拿关系重大的吃的问题与无足轻重的礼的细微末节去比较，难道仅是吃的问题重要吗？（二者轻重悬殊，简直无法相提并论。）拿有关男女结合的重要问题与无足轻重的礼的细枝末节（如前章所说不告而娶）去比较，难道仅是男女问题重要吗？你去回答他说：「扭伤哥哥的胳膊夺去他的食物，就可以得到吃的；不扭，就得不到吃的，那你会去扭伤他的胳膊吗？跳过东家的墙去搂抱他家的姑娘，就可以得到老婆；不搂抱，就得不到老婆，那你会去搂抱她吗？」』

原文

曹交[①]问曰：『人皆可以为尧舜，有诸？』

孟子曰：『然。』

『交闻文王十尺，汤九尺，今交九尺四寸以长，食粟而已，如何则可？』

曰：『奚有于是？亦为之而已矣。有人于此，力不能胜一匹雏，则为无力人矣；今曰举百钧，则为有力人矣。然则「举乌获[②]之任」，是亦为乌获而已矣。夫人岂以不胜为患哉？弗为耳。徐行后长者谓之弟，疾行先长者谓之不弟。夫徐行者，岂人所不能哉？所不为也。尧舜之道，孝弟而已矣。子服尧之服，诵尧之言，行尧之行，是尧而已矣。子服桀之服，诵桀之言，行桀之行，是桀而已矣。』

曰：『交得见于邹君，可以假馆，愿留而受业于门。』

曰：『夫道若大路然，岂难知哉？人病不求耳。子归而求之，有馀师。』

注释

①曹交：赵岐注认为是曹君的弟弟，名交。但孟子的时代曹国已亡，所以也不确切。②乌获：古代传说中的大力士。

译文

曹交问道：『每个人都可以成为尧舜，真有这个话吗？』

孟子说：『是的。』

（曹交紧接着问：）『我听说文王身高十尺，汤身高九尺，现在我曹交身高九尺四寸多，（每天）只是吃饭罢了，要怎样才可以（成为尧舜）呢？』

孟子说：『这有什么难呢？也只是要做下去就行了。这里有个人，自以为力气敌不过一只小鸡雏，那就是毫无力气的人了；现在（他）说（他的）力气能举起三千斤重的东西，那（他）就是有力气的人了。那么，要是能举得起乌获曾举起过的重量的，这也就是乌获了。人所最怕的难道是在不能胜任吗？在不去做啊。慢点儿走，走在年长的人的后面就叫做悌，走得很快，抢在年长的人的前面就叫做不悌。慢点儿走，这是人们不能做的吗？是不去做啊。尧舜之道，也只是孝悌罢了。你穿尧的衣服，说尧的话，做尧做的事，就是尧了。你穿桀的衣服，说桀的话，做桀做的事，就是桀了。』

曹交说：『我能谒见邹君，可以借到一所客馆，我愿意留下来在您门下受教。』

孟子说：『（圣人之）道就像大路一般，难道是很难清楚的吗？就怕人们自己不去寻求啊。你回去自己努力寻求，老师到处都有。』

原文

公孙丑问曰：『高子[①]**曰：「《小弁》**[②]**，小人之诗也。」』**

孟子曰：『**何以言之？**』

曰：『怨。』

曰：『固哉，高叟之为诗也！有人于此，越人关弓而射之，则己谈笑而道之；无他，疏之也。其兄关弓而射之，则己垂涕泣而道之；无他，戚之也。《小弁》之怨，亲亲也。亲亲，仁也。固矣夫，高叟之为诗也！』

曰：『《凯风》[3]何以不怨？』

曰：『《凯风》，亲之过小者也；《小弁》，亲之过大者也。亲之过大而不怨，是愈疏也；亲之过小而怨，是不可矶也。愈疏，不孝也；不可矶，亦不孝也。孔子曰：「舜其至孝矣，五十而慕。」』

注释

①高子：生平不详。②《小弁》：《诗经·小雅》中的一篇。旧说是指责周幽王的诗。周幽王先娶申后，生宜臼，立为太子；后宠褒姒，改立褒姒之子伯服为太子，废申后及太子宜臼。此诗述说的就是宜臼的哀伤、怨恨之情。传说是宜臼的老师所作。③《凯风》：《诗经·邶风》中的一篇。旧说卫国有个已有七个儿子的母亲想改嫁，于是七个儿子作此诗来自责不孝，以使母亲感悟。

译文

公孙丑道：『高子说：「《小弁》，是小人的诗。」』

孟子说：『为什么这样说呢？』

答道：『因为它充满怨愤的情绪。』

孟子说：『高老夫子讲解诗未免太呆板了吧！假如有个人在这里，越国人开弓要射他，他自己就边谈边笑地劝说越国人不可这样做；这并不是有别人的原因，只是由于越国人和他关系疏远的缘故。要是他的

老莱子戏彩娱亲

孟子讲究仁义孝顺，像这样仁义至孝的人，自古以来，数不胜数。例如老莱子自娱奉亲，七十多岁时还穿着小儿衣服，作小儿情状，逗父母开心。

哥哥开弓要射他，他自己就啼哭着劝说他哥哥不可这样做；这并不是有别的原因，只是由于哥哥是他的亲人的缘故。《小弁》的怨愤，是出于对自己亲人的爱护。爱护亲人，是仁的表现。高老夫子讲解诗实在太呆板了啊！」

公孙丑又问道：「《凯风》为什么没有流露怨恨的感情呢？」

孟子说：「《凯风》诗，作者的母亲过错较小；《小弁》诗，作者的父亲过错就较大。父母亲的大过错多毫无怨言，这就显得与父母疏远；父母亲的小过错却一味地抱怨，这就说明做儿子的心里不平。过分疏远自己的父母，虽然是不孝，心里不平，也同样是不孝。孔子说：『舜要算最孝顺的儿子吧，到了五十岁这样的年龄还是依恋着父母。』」

原文

宋牼[①]将之楚，孟子遇于石丘，曰：『先生将何之？』

曰：『吾闻秦楚构兵，我将见楚王说而罢之。楚王不悦，我将见秦王说而罢之。二王我将有所遇焉。』

曰：『轲也请无问其详，愿闻其指。说之将何如？』

曰：『我将言其不利也。』

曰："先生之志则大矣，先生之号则不可。先生以利说秦楚之王，秦楚之王悦于利，以罢三军之师，是三军之士乐罢而悦于利也。为人臣者怀利以事其君，为人子者怀利以事其父，为人弟者怀利以事其兄，是君臣、父子、兄弟终去仁义，怀利以相接，然而不亡者，未之有也。先生以仁义说秦楚之王，秦楚之王悦于仁义，而罢三军之师，是三军之士乐罢而悦于仁义也。为人臣者怀仁义以事其君，为人子者怀仁义以事其父，为人弟者怀仁义以事其兄，是君臣、父子、兄弟去利，怀仁义以相接也，然而不王者，未之有也。何必曰利？"

注释

①宋牼：战国时宋国著名学者，反对战争，主张和平。

译文

宋牼将要去楚国，孟子在石丘碰见他，问道："先生要到哪里去呢？"

答道："我听说秦国和楚国正在交战，我准备去谒见楚王劝说他罢兵。楚王要是不高兴（这样做），我就准备去谒见秦王劝说他罢兵。在两个国王中间我总会找到和我意见投合的。"

孟子说："我孟轲不准备打听详细情况，但却想听听您的意向。

仁惠化民

君主、人臣、百姓都应该怀有仁义之心，这样国家才会安定强盛，百姓才能富足祥和。唐朝李悬为具州刺史，一日庭院树上布满甘露。百姓都说这是他仁义爱民、勤于政务的结果。

您将怎样劝说他们呢？』

答道：『我准备去讲讲交兵的危害。』

孟子说：『先生您的用心是很好的，但是您的提法便不合适。先生拿利去劝说秦楚两国的君王，秦楚两国的君主由于对利感兴趣而罢兵，这就使三军的官兵乐于罢兵却对利产生了深厚的兴趣。做人臣子的怀着得利的观点去侍奉他们的君主，做人儿子的怀着得利的观点去侍奉他们的父亲，做人弟弟的怀着得利的观点去侍奉他们的哥哥，这就使得君臣、父子、兄弟之间完全抛掉仁义，怀着得利的观点来相互接待，像这样国家却不会灭亡的，简直是没有的事。先生要是拿仁义去劝说秦楚两国的君主，秦楚两国的君主由于对仁义感兴趣而罢兵，这就使三军的官兵乐于罢兵而对仁义产生了浓厚的兴趣。做人臣子的怀着仁义的观点去奉事他们的君主，做人儿子的怀着仁义的观点去侍奉他们的父亲，做人弟弟的怀着仁义的观点去侍奉他们的哥哥，这就使得君臣、父子、兄弟之间完全抛去利的观点，怀着仁义的观点来相互接待，像这样却不能统一天下的，简直是没有的事。为什么非说利不行呢？』

原文

孟子居邹，季任[1]为任处守，以币交，受之而不报。处于平陆，储子为相，以币交，受之而不报。他日，由邹之任，见季子；由平陆之齐，不见储子。屋庐子喜曰：『连[2]得间矣。』问曰：『夫子之任，见季子；之齐，不见储子，为其为相与？』

曰：『非也。《书》曰：「享多仪，仪不及物曰不享，惟不役志于享。」为其不成享也。』

屋庐子悦。或问之，屋庐子曰：『季子不得之邹，储子得之平陆。』

注释

①季任：任国国君的弟弟。②连：屋庐子的名。

译文

孟子住在邹国时，季任为任国留守，（代理国君暂行国政，）送了礼物和孟子结交，孟子受了礼物却并没有回报。后来孟子住在平陆时，储子做齐国的国相，也送了礼物来和孟子结交，孟子同样是受了礼物没有回报。过了些日子，孟子从邹国到任国去，去拜访了季子；但是，当他由平陆去齐国首都时，却没有去拜访储子。屋庐子（知道这种情况后）高兴地说：『我找到老师一个漏洞（来发问了）。』问道：『老师您到任国，拜访了季子；到齐国首都，却不拜访储子，这是因为他仅是个国相吗？』

孟子说：『不是的。《尚书》中说过：「享献之礼以有仪节为可贵，要是仪节与礼物不相称那就等于没有享献，这只是因为享献的人没有把心意用在享献上。」（我之所以不去拜访储子，）是为了他的享献不成其为享献的缘故。』

屋庐子（听了）很高兴，有人问他（这是怎么一回事），屋庐子道：『季子（因为有重任在身）不能到邹国去，而储子（作为国相）却是可以亲自去平陆的。』

原文

淳于髡曰：『先名实者，为人也；后名实者，自为也。夫子在三卿之中，名实未加于上下而去之，仁者固如此乎？』

孟子曰：『居下位，不以贤事不肖者，伯夷也；五就汤，五就桀者，伊尹也；不恶污君，不辞小官者，

柳下惠也。三子者不同道，其趋一也。一者何也？曰，仁也。君子亦仁而已矣，何必同？』

曰：『鲁缪公之时，公仪子为政，子柳、子思为臣，鲁之削也滋甚。若是乎，贤者之无益于国也！』

淳于髡说：『重名誉功业的人，是济世救民；不重视名誉功业的人，是为了独善其身。先生您身居齐国三卿的高位，名誉和功业无论从上辅君王还是下济万民来说都还无所建树却就要离开齐国，一个志士仁人原来是这样的吗？』

孟子说：『身居低下的地位，不愿意拿自己贤者的身份去侍奉不中用的君主的，是伯夷；五次投到汤的门下，又五次投到桀的门下的，是伊尹；不嫌弃缺德的君主，也不谢绝当小官的，是柳下惠。三个人处世接物的态度不同，但他们总的趋向却是一致的。这个一致的趋向是什么呢？我说，就是一个仁字。所以君子只要趋向于仁就行了，又为什么一定要互相一样呢？』

淳于髡说：『从前鲁缪公的时候，公仪子替他掌握政权，子柳和子思都在他的朝廷上做臣子，可是鲁国削弱却更见厉害；如果是这样贤者对国家没有什么帮助！』

曰：『虞不用百里奚而亡，秦穆公用之而霸。不用贤则亡，削何可得与？』

曰：『昔者王豹①处于淇②，而河西善讴；绵驹处于高唐③，而齐右善歌；华周、杞梁④之妻，善哭其夫，而变国俗。有诸内，必形诸外。为其事而无其功者，髡未尝睹之也。是故无贤者也，有则髡必识之。』

曰：『孔子为鲁司寇，不用，从而祭，燔肉⑤不至，不税冕而行。不知者以为为肉也，其知者以为为无

礼也。乃孔子则欲以微罪行⑥，不欲为苟去。君子之所为，众人固不识也。』

注释

①王豹：卫国人，善于唱歌。②淇：卫国河流名。③绵驹：一位善于唱歌的人。高唐：齐国邑名。④华周、杞梁：齐国大夫，在齐国攻打莒国时战死。传说他们的妻子闻讯后，对着城墙痛哭，把城墙哭塌了，齐国人受到感染，以至善哭成风。⑤燔肉：祭祀用的熟肉。古礼，天子和诸侯祭祀后，要将一部分祭肉赐给大夫。⑥乃孔子则欲以微罪行：这句隐含的意思是，孔子不想让人觉得自己弃官而去都是鲁国执政者的过错，因为这样做是失礼的。

孟子说：『从前虞国因为不用百里奚便亡了国，秦穆公由于用了他便成就了霸业。可见不用贤者就要导致国家的灭亡，（要想单是）削减点国土又怎么行得通呢？』

淳于髡说：『从前王豹居住在淇水旁边，于是河西地方的人们便都擅长于唱歌；绵驹居住在高唐，于是齐国西部地方的人们也都擅长于唱歌，华周、杞梁的妻子以痛哭她们战死的丈夫著名，因而改变了齐国的习俗。里面有什么，外面也一定会表现什么。做了那件事却见不到它的功绩的，我从不曾看到过那样的事情。所以今天实在是没有贤人；如果有的话，那我就一定会知道他的。』

孟子说：『从前孔子做鲁国司寇的官，不被鲁君所信任，跟随鲁君去祭祀，祭肉也没有按规定送来，于是孔子立即离去了鲁国。不了解孔子的人以为孔子是为了几块祭肉而走的，了解孔子的人就知道他是由于鲁国君相的无礼才出走。至于孔子却是（为了不至显露君相的过错，）想使自己带上一点小小罪名而离开鲁国，并不愿意随随便便地出走。一个仁德君子的所作所为，一般的普通人本来就不能轻易识别理解的。』

原文

孟子曰：『五霸[1]者，三王之罪人也；今之诸侯，五霸之罪人也；今之大夫，今之诸侯之罪人也。天子适诸侯曰巡狩，诸侯朝于天子曰述职。春省耕而补不足，秋省敛而助不给。入其疆，土地辟，田野治，养老尊贤，俊杰在位，则有庆，庆以地。入其疆，土地荒芜，遗老失贤，掊克在位，则有让。一不朝，则贬其爵；再不朝，则削其地；三不朝，则六师移之。是故天子讨而不伐，诸侯伐而不讨。五霸者，搂诸侯以伐诸侯者也，故曰，五霸者，三王之罪人也。

注释

①五霸：指春秋时代先后称霸的五个诸侯，具体哪五个诸侯，说法不一，据《孟子》书中所看，可能是指齐桓公、晋文公、秦穆公、楚庄公、吴王阖庐。

译文

孟子说：『五霸，是三王的罪人；现在的诸侯，是五霸的罪人；现在的大夫，又是现在的诸侯的罪人。天子到诸侯国家巡行叫巡狩，诸侯朝见天子叫述职。（天子到诸侯国巡狩，）春天视察耕种情况，补助穷困户，秋天视察收割的情况，对不能自给的缺粮户进行赈济。踏进哪个国家的疆界，假如土地开辟了，农事井井有条，老人得到赡养，贤人受到尊敬，杰出的人才都被选拔在官，就有奖赏；赏给土地。要是踏进哪个国家的疆界，土地一片荒芜，老人被遗弃，贤人散失在野，横征暴敛的人高据要职，就得给予责罚。（诸侯对天子，）一次不朝见，便要降低他的爵位；再次不朝见，便削减他的封地；三次不朝见，便派出军队

进行讨伐，另立国君。所以天子（对不服从的诸侯，）只发布命令，讨他的罪，而不亲自出兵去攻打他；诸侯就只奉命行事，攻伐不服从王朝的诸侯，而不对别的诸侯发号施令，声罪致讨。五霸，是强拉着诸侯去攻伐诸侯的，所以说，五霸是三王的罪人。

原文

『五霸，桓公为盛。葵丘之会①，诸侯束牲载书而歃血②。初命曰：「诛不孝，无易树子，无以妾为妻。」再命曰：「尊贤育才，以彰有德。」三命曰：「敬老慈幼，无忘宾旅。」四命曰：「士无世官，官事无摄，取士必得，无专杀大夫。」五命曰：「无曲防，无遏籴，无有封而不告。」曰：「凡我同盟之人，既盟之后，言归于好。」今之诸侯皆犯此五禁，故曰，今之诸侯，五霸之罪人也。长君之恶其罪小，逢君之恶其罪大。今之大夫皆逢君之恶，故曰，今之大夫，今之诸侯之罪人也。』

注释

①葵丘之会：葵丘，地名，在今河南兰考县东。会，盟会，古代诸侯间聚会而结盟。盟会时要用牛作祭品，或杀，或不杀。

②歃血：结盟时的一种仪式。立盟时杀牲取血，盟誓者口含其

明宣宗五路搜贤

做臣子的有许多都是对上逢迎拍马，对下欺压恐吓的，皇权至高无上，想要升官发财者，多半不会去捋虎须。譬如邓通，他是汉文帝的宠臣，最擅溜须拍马。文帝背生毒疮，他就用嘴舔吸以解文帝疼痛。文帝赐他一座铜山，允许他自己开矿铸币。后世明宣宗搜寻贤能的时候也谨记文帝宠信邓通的教训。

血，或涂于口旁，表示诚信。如果不歃血，则表示相信与盟的人不敢背约。

『五霸中，齐桓公是势力最强大的。在葵丘那次盟会上，与诸侯们捆绑祭神的牲口（牛），把盟书搁在它的身上，（由于桓公自信诸侯害怕他的威力，不敢背信，）没有举行歃血的仪式。（盟约共有五条：）第一条是，要诛罚不孝父母的人，不要擅自改换已经立了的太子，不得扶立爱妾为正妻。第二条是，要尊敬贤人，培育人才，借以表彰有德之士。第三条是，尊敬老人，慈爱幼儿，不要怠慢外宾和一般旅客。第四条是，做官的读书人不得把官位世代相传，公务不要兼代，选拔人才一定要得人任贤，不拘一格，不得擅自杀戮大夫。第五条是，不得蔑视王法，曲设防禁，不得阻止粮食籴进卖出，不得单凭私恩有所封赏而不报告（盟主）。末了说，凡是我们参加盟会的人，已经订立盟约之后，便要恢复正常的友好邦交。现在的诸侯全都违犯了这五条禁令，所以说，现在的诸侯，是五霸的罪人。一味顺从，助长君主的过错，这个罪行还小一点，君主还没有萌发作恶的念头，做臣子的却曲意逢迎，导使作恶，这个罪行可就大了。现在的大夫都是逢迎君主作恶的，所以说，现在的大夫，是现在的诸侯的罪人。』

原文

鲁欲使慎子①为将军。孟子曰：『不教民而用之，谓之殃民。殃民者，不容于尧舜之世。一战胜齐，遂有南阳②，然且不可……』

慎子勃然不悦，曰：『此则滑厘所不识也。』

曰：『吾明告子。天子之地方千里；不千里，不足以待诸侯。诸侯之地方百里；不百里，不足以守宗庙

王安石

时代变了，做事的方法也须跟着改变，不能一味照搬前人。做一个好臣子，紧要的是能够根据当世情况制定正确措施。例如王安石针对当时宋朝积贫积弱的社会现状，推行农田水利法、青苗法、募役法等，缓解了社会危机，使国库充实，也增强了国家军备力量。

之典籍。周公之封于鲁，为方百里也；地非不足，而俭于百里。太公之封于齐也，亦为方百里也；地非不足也，而俭于百里。今鲁方百里者五，子以为有王者作，则鲁在所损乎？在所益乎？徒取诸彼以与此，然且仁者不为，况于杀人以求之乎？君子之事君也，务引其君以当道，志于仁而已。』

注释

①慎子：名滑厘，是一个善于用兵的人。②南阳：地名，在泰山西南面，本属于鲁，后被齐侵夺。

译文

鲁国想让慎子做将军。孟子说：『不先教练百姓就用他们去打仗，这叫做坑害百姓。坑害百姓的人，在尧舜的时代是容不得的。即使一次战斗便打赢了齐国，顺利地收复了南阳，这样尚且不行……』

慎子（还没有把话听完，）便勃然变色很不高兴地说：『这个却是我所能弄不明白的。』

孟子说：『我明白告诉你好了。天子的辖地见方千里；不到千里，便不够用以接待来朝见的诸侯。诸侯的辖地见方百里，不到百

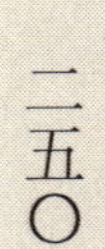

里，便不够用以奉守受之于天子、历代相传下来珍藏在祖祠里的文物典章。周公的被封在鲁国，有约见方百里的土地；土地并不是不够，但事实上（周公的封地）却是少于百里的。太公的被封在齐国，也有约见方百里的土地；土地并不是不够，但事实上也是少于百里的。现时鲁国就有五个见方百里的土地，你认为假如有圣贤之君兴起时，那么鲁国的土地将摆在被削减还是被增加的行列中呢？不费一兵一卒之力从那个国家取来土地给与这个国家，这样仁爱的人尚且不干，更何况用杀人的手段去取得土地呢？君子侍奉君主（没有别的诀窍，）一定要引导他的君主做到事事在理，心向着仁罢了。』

原文

孟子曰：『今之事君者皆曰：「我能为君辟土地，充府库。」今之所谓良臣，古之所谓民贼也。君不乡道，不志于仁，而求富之，是富桀也。「我能为君约与国，战必克。」今之所谓良臣，古之所谓民贼也。君不乡道，不志于仁，而求为之强战，是辅桀也。由今之道，无变今之俗，虽与之天下，不能一朝居也。』

译文

孟子说：『现在那些侍奉君主的人都说：「我能够替君主开拓疆土，充实府库。」现在所谓的好臣子，正是古代所谓的害民之贼。君主不趋向道德，又没有心行仁义，你却去力求使他富足，这就等于是使夏桀富足。（现在那些侍奉君主的人又说：）「我能够替君主联合赞助我们的邻国，每次战争一定获得胜利。」现在所谓的好臣子，正是古代所谓的害民之贼。君主不趋向道德，又无心行仁义，你却去力求替他恃强奋战，这就等于是辅佐夏桀。假如走着现在的道路，不改变现在的习俗，就算把整个天下给与他，他也是不能统治一个早晨的。』

白圭[①]曰：『吾欲二十而取一，何如？』

孟子曰：『子之道，貉[②]道也。万室之国，一人陶，则可乎？』

曰：『不可，器不足用也。』

曰：『夫貉，五谷不生，惟黍生之；无城郭、宫室、宗庙、祭祀之礼，无诸侯币帛饔飧[③]，无百官有司，故二十取一而足也。今居中国，去人伦，无君子，如之何其可也？陶以寡，且不可以为国，况无君子乎？欲轻之于尧舜之道者，大貉小貉也；欲重之于尧舜之道者，大桀小桀也。』

注释

①白圭：名丹，曾做过魏国的宰相，筑堤治水很有名。②貉：又作『貊』，古代北方的一个小国。

③饔飧：饔，早餐。飧，晚餐。这里以饔飧代指请客吃饭的礼节。

译文

白圭说：『我想要把税率改为二十抽一，（你认为）怎么样？』

孟子说：『你的作法，是貉国的作法。假定一个有一万户的国家，只有一个人做陶器，那能行得通吗？』

白圭说：『不行，因为这样陶器就会不够用。』

孟子说：『那个貉国，（气候寒冷，）五谷都不能生长，只有那种（早熟作物）黍才可以（在那里）成活；那里没有城墙、高敞的房舍、祖先的祠庙以及祭祀的礼仪，没有诸侯间致送币帛等礼物和宴饮款客的礼节，也没有各种大小官吏，所以它的税率定为二十抽一也就够用了。现在你住在中国，却要（像貉族那样）废弃社会人类的伦常，不设从事政治的官员，这怎么能行呢？做陶器的工匠太少了，尚且不能搞好国家，更何况没有从政的官员呢？要想把税率定得比尧舜的标准轻的，那就是大貉和小貉；反之，要想把税率定得比尧舜的标准重的，那就是大桀和小桀。』

原文

白圭曰：『丹之治水[1]也愈于禹。』

孟子曰：『子过矣。禹之治水，水之道也，是故禹以四海为壑。今吾子以邻国为壑。水逆行谓之洚水。洚水者，洪水也——仁人之所恶也。吾子过矣。』

注释

①丹之治水：白圭治水的方法，据《韩非子·喻老篇》记载，主要在于筑堤塞穴，所以孟子要指责他『以邻国为壑』。

译文

白圭说：『我治理洪水的功劳超过了大禹。』

孟子说：『你错了。大禹的治理洪水，是循着水原来所走的道路加以疏导的；所以大禹是把四海作为消纳水的地方。现在你却是把邻国作为消纳水的地方。水不遵循故道而四处泛滥叫做洚水。洚水也即是洪水——（因为它为害人民很大，所以，）是仁爱百姓的人所最厌恶的。我的先生，你错了！』

原文

孟子曰：『君子不亮，恶乎执？』

译文

孟子说：『君子不讲求诚信，还能操持什么呢？』

原文

鲁欲使乐正子为政。孟子曰：『吾闻之，喜而不寐。』

公孙丑曰：『乐正子强乎？』

曰：『否。』

『有知虑乎？』

曰：『否。』

『多闻识乎？』

曰：『否。』

『然则奚为喜而不寐？』

曰：『其为人也好善。』

『好善足乎？』

曰：『好善优于天下，而况鲁国乎？夫苟好善，则四海之内皆将轻千里而来告之以善；夫苟不好善，则人将曰：「訑訑，予既已知之矣！」訑訑之声音颜色距人于千里之外。士止于千里之外，则谗谄面谀之人至矣。与谗谄面谀之人居，国欲治，可得乎？』

房玄龄

太宗李世民是千古明君，任用贤明，帮助他治理国家。许多明德之士也都尽心竭力辅佐太宗，房玄龄就是其中一位。

译文

鲁国打算让乐正子主持国家政事。孟子说：『我一听到这消息，欢喜得连觉都睡不着。』

公孙丑说：『乐正子坚强果断吗？』

答道：『不。』

『有智慧善于思考问题吗？』

答道：『不。』

『博学多闻见识广阔吗？』

答道：『不。』

『那么您为什么会欢喜得连觉都睡不着呢？』

答道：『他的为人欢喜听取有益的话。』

『只要欢喜听取有益的话就够了吗？』

答道：『只要欢喜听取有益的话，用它来治理天下都还绰绰有余，更何况治理鲁国呢？如果真的欢喜听取有益的话，那四方的好善之士都会不远千里地赶来把有益的话告诉他；要是真个不喜欢听有益的话，那人们将会（学着他的语言神态）道：「嗯嗯，（你说的）我全都已经知道了！」这种（带有轻蔑性的）嗯嗯的声音脸色简直

把人家拒绝在千里之外了。好善之士被阻止在千里之外，那些爱打小报告、说奉承话的人随后便到了，跟那些爱打小报告、说奉承话的人为伍，要想把国家治理好，能够做得到吗？』

原文

陈子曰：『古之君子何如则仕？』

孟子曰：『所就三，所去三。迎之致敬以有礼；言，将行其言也，则就之。礼貌未衰，言弗行也，则去之。其次，虽未行其言也，迎之致敬以有礼，则就之。礼貌衰，则去之。其下，朝不食，夕不食，饥饿不能出门户，君闻之，曰：「吾大者不能行其道，又不能从其言也，使饥饿于我土地，吾耻之。」周之，亦可受也，免死而已矣。』

译文

陈子问：『古代的君子在怎样的情况下才出来做官呢？』

孟子说：『（古代的君子，）就职的情况有三种，去职的情况也有三种。迎接他时能尽敬意而又有礼貌；他有所进言，（君主）又将付诸实行，便就职。（君主）对他的礼貌尽管没有减弱，可是对他的进言却不能付诸实行，就去职。其次，虽然不能实行他的进言，但迎接他时却能尽敬意而又有礼貌，便就职。如果君主对他的礼貌减弱了，就去职。最下等的，他早上吃不上饭，晚上也吃不上饭，肚子饥饿得无力走出门户，君主知道这种情况后，说：「我从大的方面说不能实行他的政治主张，又不能听从他的进言，以至使他在我的国土上忍饥挨饿，我对这件事感到耻辱。」（在这样的情况下）给予他周济，就也可以接受，这不过是为了免于一死而已。』

原文

孟子曰：『舜发于畎亩之中，傅说①举于版筑②之间，胶鬲③举于鱼盐之中，管夷吾④举于士，孙叔敖⑤

勾践灭吴

逆境激起人的斗志，促使人奋发。最典型的例子就是越王勾践卧薪尝胆之事。越王兵败，入吴为奴三年，每日苦思焦虑，卧薪尝胆，最终打败吴国，统一长江流域。

举于海，百里奚举于市⑥。故天将降大任于是人也，必先苦其心志，劳其筋骨，饿其体肤，空乏其身，行拂乱其所为，所以动心忍性，曾益其所不能。人恒过，然后能改；困于心，衡⑦于虑，而后作。征⑧于色，发于声，而后喻。入则无法家拂士⑨，出则无敌国外患者，国恒亡。然后知生于忧患，而死于安乐也。』

注释

①傅说：殷武丁时人，曾为刑徒，在傅险筑墙，后被武丁发现，举用为相。②版筑：古代筑墙的方法，用两板相夹，填入泥土，用杵捣实，拆板后即成土墙。③胶鬲：殷纣王时人，曾以贩卖鱼、盐为生，周文王把他举荐给纣，后辅佐周武王。④管夷吾：管仲。原是齐国公子纠的家臣，纠与公子小白（即后来的齐桓公）争夺君位，失败后逃至鲁国而遭杀；管仲也被鲁人囚禁押回齐国。后由鲍叔牙推荐，被桓公提拔为相。⑤孙叔敖：是春秋时楚国的隐士，隐居海边，被楚王发现后任为令尹（宰相）。⑥百里奚举于市：春秋时的贤人百里奚，流落在楚国，秦穆公用五张羊皮的价格把他买回，任为宰相，所以说『举于市』。⑦衡：通『横』，指横塞。⑧征：表征，表现。⑨法家拂士：法家，有法

度的大臣；拂，假借为『弼』，辅佐，拂士即辅佐的贤士。

译文

孟子说：『舜是在田野中发迹的，傅说是从筑墙的苦役中被提拔的，胶鬲是从贩卖鱼和盐的行业中被推荐上来的。管夷吾是从狱官手中选拔出来充任国相的，孙叔敖是从海边僻远的地方选拔的，百里奚是从畜牧业主那里赎买上来的。所以上天将要把治国治民的重任加在某个人的肩头上，一定先要使他（遭受种种困难的磨折，）弄得他心烦意乱，筋骨劳累，肚肠饥饿，口袋空空的，想做点什么便被干扰打乱，诸事都不如意，这就是为了要使心里震动，得到锻炼，性格坚韧，由此而增加他平时所不能具有的能力。一个人只有经历多次错误和失败的教训，然后才能改过自新，走上正路；只有经过艰苦的思想斗争和错综复杂的重重思虑，然后才能有所作为；只有（在痛苦的磨炼过程中，）表现为形容憔悴的颜色，发出悲歌慷慨的声音，然后才能得到人们的了解。一个国家要是国内没有知法度的大臣和能为国君左右手的士子，国外又缺乏对敌国外患侵扰的远虑，这样的国家常常是要被灭亡的。从这里，我们可以悟得人为什么在忧愁患难中能够得到生存而在安逸欢乐中却反会遭到毁灭的道理了。』

原文

孟子曰：『教亦多术矣，予不屑之教诲也者，是亦教诲之而已矣。』

译文

孟子说：『教育也有多种多样的方式方法，那些我不屑给予教诲他的人，这也是对他的一种教诲呢。』

尽心章句上

孟子曰：『尽其心者，知其性也。知其性，则知天矣。存其心，养其性，所以事天也。夭寿不贰，修身以俟之，所以立命也。』

孟子说：『能够竭尽他的善心的，便是真正了解了人的本性。懂得了人的本性，便是知道了天命。（一个人）如果能努力保存他的善心，培养他禀受自天的善性，目的就在于正确对待天命。不管短命或是长寿都毫不怀疑动摇，只要是修身养性以等待天命的抉择，这就是用来安身立命的方法。』

孟子曰：『莫非命也，顺受其正；是故知命者不立乎岩墙之下。尽其道而死者，正命也；桎梏死者，非正命也。』

孟子说：『不要去非命而死，去顺理而行，接受天所注定的正常命运吧！所以懂得天命的人不会站在快要倾倒的墙壁下面。一切完全按正道行事而死的人，他所接受的是正常的命运；那些犯罪坐牢而死的人，他们所接受的就是不正常的命运。』

原文

孟子曰：『求则得之，舍则失之，是求有益于得也，求在我者也。求之有道，得之有命，是求无益于得

也，求在外者也。』

孟子说：『（有的东西）追求它就能够得到，放弃它就会失掉，这种追求是对获得（这个东西）有益处的，这是因为所追求的东西就在我本身之内，（能否获得它取决于我自己。）（有的东西）追求它得有一定的原则，能否得到它得由命运安排，这种追求是对获得（这个东西）毫无益处的，这是因为所追求的东西存在于我的身外，（能不能得到它就由不得自己了。）』

孟子曰：『万物皆备于我矣。反身而诚，乐莫大焉。强恕而行，求仁莫近焉。』

译文

孟子说：『一切我都具备了。假如我反躬自问，自己是忠诚踏实的，就没有什么事比这更快乐的了。按任何事都推己及人的恕道去做，那么，求得仁德的道路便没有比这更近的了。』

原文

孟子曰：『行之而不著焉，习矣而不察焉，终身由之，而不知其道者，众也。』

译文

孟子说：『（人人都有仁义之心，）如果仅仅这样做下去，却不明白为什么要这样做，天天习以为常，却不问这样做的原因，终生终世打这条道路走，却不思考一下这是条什么道路，这种人就是普通的人。』

吕蒙

人都有羞恶之心，明羞恶才能更上进。吕蒙本是一介莽夫，不通文理，时常受人歧视。他深觉羞愧，后来发愤苦读，终有所成。后世人称『士别三日，当刮目相看』，即源于此。

原文

孟子曰：『人不可以无耻，无耻之耻，无耻矣！』

译文

孟子说：『一个人不可以没有羞耻；一个人如果能够感到自己没有羞耻为可耻，（因而改过自新，）他便可以终身不再蒙受羞耻了。』

原文

孟子曰：『耻之于人大矣，为机变之巧者，无所用耻焉。不耻不若人，何若人有？』

译文

孟子说：『羞耻之心对于人来说关系非常大；那些搞阴谋诡计的人，是没有什么地方用得着羞耻的。一个人要是不把不如别人看做是羞耻，那他还有什么地方能比得上别人呢？』

原文

孟子曰：『古之贤王好善而忘势，古之贤士何独不然？乐其道而忘人之势，故王公不致敬尽礼，则不得亟见之。见且由不得亟，而况得而臣之乎？』

译文

孟子说：『古代的贤君喜爱有德行的贤士，忘记自己的权势地位，古代的贤士又何尝不是这样？他们热爱他们信奉的义理，忘记别人的权势地位，所以王公们要是对他们不能做到诚心诚意，礼仪周到，就不能多次见到他们。相见的次数尚且不能多，更何况要把他们作为自己的臣下呢？』

原文

孟子谓宋勾践[①]曰：『子好游乎？吾语子游。人知之，亦嚣嚣；人不知，亦嚣嚣。』

曰：『何如斯可以嚣嚣矣？』

曰：『尊德乐义，则可以嚣嚣矣。故士穷不失义，达不离道。穷不失义，故士得己焉；达不离道，故民不失望焉。古之人，得志，泽加于民；不得志，修身见于世。穷则独善其身，达则兼善天下。』

注释

①宋勾践：人名，姓宋，名勾践，生平不详。

译文

孟子对宋勾践说：『你喜欢到各国去游说吗？我告诉你关于游说应取的态度。人家理解我，也悠闲自得；人家不理解我，也悠闲自得。』

问道：『要怎样才能做到悠闲自得呢？』

答道：『一个人能尊重自己的德行，以行为合于义为乐，就可以悠闲自得了。所以士人在穷困时不丢掉义，在得志时不偏离道。士人能够在穷困时不丢掉义，所以能自得其乐；能够在得志时不偏离道，所以使百姓不致感到失望。古代的君子，得了志，恩泽普遍施加到百姓；万一不得志，也能自修品德，有所表现于世。穷困时搞好自身的品德修养，得志时便让普天下百姓都各得其所。』

孟子曰：『待文王而后兴者，凡民也。若夫豪杰之士，虽无文王犹兴。』

孟子说：『要等待有文王这样的圣君出现，然后才知道兴起向善的，是一般的人。至于杰出的人物，就算没有文王这样的圣君出现，也还是能够自觉地兴起向善的。』

孟子曰：『附之以韩魏[①]之家，如其自视欿然，则过人远矣。』

①韩魏之家：指春秋末期晋国六卿中的韩魏两家。这两家当时拥有很大的权势和很多的财产。

孟子说：『（除了他自己的家业外，）再拿（晋国）韩魏两大家族的财富加上去，如果他自己看来，觉得（仁义之道还不足，）并不值得自满，这样的人就远远超出了普通人。』

孟子曰：『以佚道使民，虽劳不怨。以生道杀民，虽死不怨杀者。』

人。』

原文

孟子曰：『霸者之民欢虞如也，王者之民皞皞如也。杀之而不怨，利之而不庸，民日迁善而不知为之者。夫君子所过者化，所存者神，上下与天地同流，岂曰小补之哉？』

译文

孟子说：『霸者的百姓（由于明显地看到君主的惠泽，因而）感恩戴德，欢天喜地，王者的百姓（身受君主的德泽而不自觉，因而）心旷神舒，怡然自得。（在王道的熏陶下，）百姓被杀了，却并不怨恨，百姓蒙受恩泽，却并不归功于谁，百姓一天一天趋向于善却不知道是谁造成的。圣人所到的地方，人们受到感化，他所在的国家，潜移默化，神妙莫测，他的功德简直是上天与地下一同运转不息，难道说这只是小小的补益吗？』

国本惠本

太宗时期由于取了许多惠民政策，国泰民安，百姓和睦百姓的日子过得很安乐。所以说：『霸者之民欢娱如也，王者之民皞皞如也。』

原文

孟子曰：『仁言不如仁声之入人深也，善政不如善教之得民也。善政，民畏之；善教，民爱之。善政得民财，善教得民心。』

译文

孟子说：『仁厚的言辞比不上仁德的声望深入人心，良好的政治不如良好的教育深得人心。良好的政治，百姓害怕它；良好的教育，百姓喜爱它。良好的政治得到的是百姓的财物，良好的教育得到的却是百姓的心。』

原文

孟子曰：『人之所不学而能者，其良能也；所不虑而知者，其良知也。孩提之童无不知爱其亲者，及其长也，无不知敬其兄也。亲亲，仁也；敬长，义也；无他，达之天下也。』

译文

孟子说：『人们不用学习就会做的，这是他们的良能；没必要用脑筋思考就可以知道的，这是他们的良知。二三岁光会笑、要人抱的小孩，没有不知道爱他的父母的，等到长大了，又没有不知道尊敬他的兄长的。亲爱父母亲便是仁，尊敬兄长便是义。打算有所作为使泽被万民的圣人没有其他诀窍，只不过是把人的这种天生的仁义之心推广到天下罢了。』

原文

孟子曰：『舜之居深山之中，与木石居，与鹿豕游，其所以异于深山之野人者几希。及其闻一善言，见

一善行，若决江河，沛然莫之能御也。』

译文

孟子说：『舜住在深山时，跟树木和石头一块作伴，和麋鹿野猪一同游息，他的用以区别于深山野人的地方几乎没有；可是等到他听到一句有益的话语，看到一种良好的行为，（便立即采纳，雷厉风行，）好像江河决了口，声势浩大得没有谁能阻挡得了。』

原文

孟子曰：『无为其所不为，无欲其所不欲，如此而已矣。』

译文

孟子说：『不要做那些自己所不愿做的事，不要贪图那些自己所不该要的东西，一个人能做到这一点就够了。』

原文

孟子曰：『人之有德慧术知者，恒存乎疢疾。独孤臣孽子①，其操心也危，其虑患也深，故达。』

注释

①孽子：古代常一夫多妻，非嫡妻所生之子叫庶子，也叫孽子，一般地位卑贱。

译文

孟子说：『那些有德行、聪明、学术和才智的人，往往来自危险的处境。只有那些孤立无援的臣下和不是正妻所生被人歧视的庶子，他们才提心吊胆，对于祸患的思考也较深，所以能通晓事理，洞达人情。』

张良

张良辅佐刘邦建立汉朝，是安邦定国的臣子。

原文

孟子曰：『有事君人者，事是君则为容悦者也；有安社稷臣者，以安社稷为悦者也；有天民者，达可行于天下而后行之者也；有大人者，正己而物正者也。』

译文

孟子说：『（人的品格有四等：）有侍奉君主的一种人，他们侍奉这些君主专是为了讨得君主们的欢心；有安邦定国的臣子，他们是以安定国家为乐事的；有高深学问涵养的天民，他们一定要知道他们的道可以畅行于天下然后才出来行道；有变化通神的大人，他们只要一端正自己，外物便很自然地也跟着得到了端正。』

原文

孟子曰：『君子有三乐，而王天下不与存焉。父母俱存，兄弟无故，一乐也；仰不愧于天，俯不怍于人，二乐也；得天下英才而教育之，三乐也。君子有三乐，而王天下不与存焉。』

译文

孟子说：『君子有三桩乐事，统一天下却不包含在里面。父母全都健在，兄弟也没灾没病，是第一桩乐事；上对得住天，下对得起人，是第二桩乐事；得到天下优秀的人才对他们进行教育，是第三桩乐事。君子有三桩乐事，统一天下却不包含在里面！』

孟子曰：『广土众民，君子欲之，所乐不存焉；中天下而立，定四海之民，君子乐之，所性不存焉。君子所性，虽大行不加焉，虽穷居不损焉，分定故也。君子所性，仁义礼智根于心，其生色也睟然，见于面，盎于背，施于四体，四体不言而喻。』

孟子说：『国土广阔，人口众多，这固然是君子所希求的，但他所感兴趣的却不在这里；屹立于天下的中央，使海内的百姓普遍得到安定，君子对这个自然感到快乐，但他所得自天的本性却不在这里。君子所得自天的本性，纵然是他的政治理想在天下完全得到实行也不会因此在上面增添一点什么，即使是困居乡里也不会因此从那里减少一点什么，这是由于本性已经固定了的缘故。君子所得自天的本性，仁义礼智深深植根在他的心中，它生发出来的神色温润清和，表现在颜面，显露于肩背，遍及到四肢，四肢一动作，它不待用语言说明，人们一看便知道了。』

孟子曰：『伯夷辟纣，居北海之滨，闻文王作，兴曰：「盍归乎来，吾闻西伯善养老者。」太公辟纣，居东海之滨，闻文王作，兴曰：「盍归乎来，吾闻西伯善养老者。」天下有善养老，则仁人以为己归矣。五亩之宅，树墙下以桑，匹妇蚕之，则老者足以衣帛矣。五母鸡，二母彘，无失其时，老者足以无失肉矣。百

采桑图

古时人擅蚕桑，采桑喂蚕，蚕吐丝织成丝。种棉花，棉花纺成纱。老年人体质较弱，穿丝棉衣服更暖和。所以明君特别注重种桑和种棉，不让老人受冻挨饿。

亩之田，匹夫耕之，八口之家足以无饥矣。所谓西伯善养老者，制其田里，教之树畜，导其妻子使养其老。五十非帛不暖，七十非肉不饱。不暖不饱，谓之冻馁。文王之民无冻馁之老者，此之谓也。』

译文

孟子说：『伯夷逃避纣王，住在北海边上，听说文王兴盛起来了，便精神振奋地说：「为什么不归依到那里去呢？我听说西伯是善于养老的人。」太公姜尚逃避纣王，住在东海边上，听说文王兴盛起来了，便精神振奋地说：「为什么不归依到那里去呢！我听说西伯是善于养老的人。」只要天下有善于养老的人，那么仁人们便把他当作自己的归宿了。五亩大小的住宅，把桑树种在墙脚下，让一个妇女养蚕缫丝，那么老年人就能够穿上丝棉袄了。每户人家所养的五只母鸡，二头母猪，不要耽误了它们饲养和繁殖的时机，老年人就不会没有肉吃了。百亩田地，一个丁壮农夫耕种，八口人的家庭就足够吃饱了。人们所说的西伯善于养老，（指的是他）规定分配给百姓土地和住宅的数字和大小，指教他们栽种和畜牧，教导他们的妻子儿女奉养他们家的老人。人到了五十岁，不着丝棉便不能暖身子，到了七十岁，没有肉食便不能饱肚子。身子不暖肚子不饱，便叫做受冻挨饿。所谓文王的老百姓没有受冻挨饿的老人，说的就是这个意思。』

原文

孟子曰：『**易其田畴，薄其税敛，民可使富也。食之以时，用之以礼，财不可胜用也。民非水火不生活，昏暮叩人之门户求水火，无弗与者，至足矣。圣人治天下，使有菽粟如水火。菽粟如水火，而民焉有不仁者乎？**』

译文

孟子说：『只要整治好耕地，赋税收轻点，是可以使百姓富足的。（再教育他们注意节俭，）食用有时节，用钱不超过礼数，财物便用不尽了。百姓没有水和火是活不下去的，要是黑夜敲门向别人讨碗水或要个火，是没有人不会给的，这是因为水火家家都多极了的缘故。圣人治理天下，就要使百姓家有粮食像水火那样充足。百姓家的粮食像水火那样多了，怎么还会有不仁爱的呢？』

原文

孟子曰：『**孔子登东山①而小鲁，登太山而小天下，故观于海者难为水，游于圣人之门者难为言。观水有术，必观其澜。日月有明，容光必照焉。流水之为物也，不盈科不行；君子之志于道也，不成章不达。**』

注释

①东山：即蒙山，在今山东蒙阴县南。

译文

孟子说：『孔子登上东山便觉得鲁国小了，登上泰山就觉得天下也小了，所以对于观看过大海的人，作为水要再得到他的赞叹就难了，对于曾到圣人门下游学过的人，作为言谈要再打动他的心弦也就不易了。观看水有观看水的方法，一定得观看它无比壮阔的波澜。太阳和月亮都有耀目的光辉，凡是能容纳光线的小小缝隙都一定能够照到。流水这个东西，不填满地面上那些坎坎洼洼，它是不会前进的；君子有志于钻研道术，不日积月累，有一定的成就，就不能由此及彼，通达事理。』

原文

孟子曰：『鸡鸣而起，孳孳为善者，舜之徒也；鸡鸣而起，孳孳为利者，跖[1]之徒也。欲知舜与跖之分，无他，利与善之间也。』

注释

①跖：即盗跖，春秋时的大盗。

译文

孟子说：『一听到鸡叫便起来，努力不懈地行善事的，是舜一类的人；一听到鸡叫便起来，努力不懈地追求私利的，是跖一类的人。要想知道舜跟跖的区分，没有别的，只在利和善这极其微小的差异中。』

原文

孟子曰：『杨子取为我，拔一毛而利天下，不为也。墨子兼爱，摩顶放踵利天下，为之。子莫[1]执中。执中为近之。执中无权，犹执一也。所恶执一者，为其贼道也，举一而废百也。』

注释

①子莫：战国时鲁国人，其事迹已不可考。

译文

孟子说：『杨子采纳为我的主张，就算只需拔去自己一根毫毛却能使天下得利，都不愿意干；墨子主张兼爱，哪怕磨秃头顶，走破脚跟，只要对天下人有利，也愿意干。子莫就（不同于二人）坚持折中的主张。坚持折中的主张算是近乎正确，但如果持折中的主张而不知道随时变通，那也还是固执一偏。我们之所以讨厌固执一偏的主张，就因为它损害了仁义之道，顾及一端不放弃其余的原因。』

原文

孟子曰：『饥者甘食，渴者甘饮，是未得饮食之正也，饥渴害之也。岂惟口腹有饥渴之害？人心亦皆有害。人能无以饥渴之害为心害，则不及人不为忧矣。』

译文

孟子说：『肚子饿的人吃着什么食物都觉得是美的，口喝着什么饮料都觉得是甜的，这实际是没有尝到饮料和食物的正常滋味，原因是由于极度的饥渴妨害了他们品尝滋味的正常感觉。难道只是嘴巴和肚子有饥渴的妨害吗？人们的心也都有类似的妨害。要是人们能使他们的心不受像饥渴对于嘴巴肚子那样的妨害，那么尽管自己一时还不如别人，也不会因此而发愁了。』

原文

孟子曰：『柳下惠不以三公易其介。』

译文

孟子说：『柳下惠不因为居三公的高位便改变他特立独行的操守。』

柳下惠

孟子对柳下惠非常推崇，曾把柳下惠与伯夷、伊尹、孔子并称为四大圣人。孟子认为像柳下惠这样的圣人，是可以成为『百世之师』的。

原文

孟子曰：『有为者辟若掘井，掘井九轫[①]而不及泉，犹为弃井也。』

注释

①九轫：轫，同『仞』，古代量词，古代七尺（或说八尺）为一仞。

译文

孟子说：『有作为的人譬如打井一样，井打到六、七丈深却没有挖到地下泉，也还是一口废井。』

原文

孟子曰：『尧舜，性之也；汤武，身之也；五霸，假之也。久假而不归，恶知其非有也。』

译文

孟子说：『尧舜实行仁义，是出于本性；汤武，躬行仁义，勉力恢复本性；至于五霸，却是假借仁义之名，来图谋他们的私利，但借久了不归还，别人（受了他们的蒙蔽，）又如何能知道他们并没有仁的行为呢？』

原文

公孙丑曰：『伊尹曰：「予不狎于不顺，放太甲于桐，民大悦。

太甲贤，又反之，民大悦。」贤者之为人臣也，其君不贤，则固可放与？』

孟子曰：『有伊尹之志，则可；无伊尹之志，则篡也。』

译文

公孙丑问：『伊尹说：「我看不惯那些不顺义理的人。」于是他把太甲放逐到桐去，老百姓非常高兴。太甲改过自新了，他又将他迎接回来，老百姓也非常高兴。」贤人作了人家的臣子，要是他的君主不好，就能放逐吗？』

孟子说：『有伊尹那样为公的心思，就可以；没有伊尹那样为公的心思，就是篡权了。』

公孙丑曰：『《诗》曰：「不素餐兮。」君子之不耕而食，何也？』

孟子曰：『君子居是国也，其君用之，则安富尊荣；其子弟从之，则孝悌忠信。「不素餐兮」，孰大于是？』

公孙丑问：『《诗经》中说：「不白吃饭呀！」（那就是说人应该耕种才能吃饭，）可现在的君子却不种田也吃饭，这是什么缘故呢？』

孟子说：『君子居住在这个国家，如果这个国家的君主用他作官，便能使国家和君主安定、富足而又保持崇高光荣的地位；如果他们的子弟跟着他学习，便能孝敬父母，尊敬兄长、忠心耿耿、讲究诚信。不白吃饭呀，还有什么功劳比这个更大的吗？』

原文

王子垫[①]问曰："士何事？"

孟子曰："尚志。"

曰："何谓尚志？"

曰："仁义而已矣。杀一无罪，非仁也；非其有而取之，非义也。居恶在？仁是也；路恶在？义是也。居仁由义，大人之事备矣。"

注释

①王子垫：齐王的儿子，名垫。

译文

王子垫问道："士做的什么事？"

孟子说："士应当使自己保持高尚的志向。"

又问："怎样才能说是志向高尚呢？"

答道："不过是坚持仁和义罢了。只要是杀害一个没有罪的人，便是不仁；只要是财物不是他自己应该得的却取用了，便是不义。士应该居住在什么地方呢？仁便是的；士应该行走的路在哪里呢？义便是的。住的是仁，经由的是义，就算是在官的大人分内的事情也都全部具备了。"

原文

孟子曰："仲子[①]，不义与之齐国而弗受，人皆信之，是舍箪食豆羹之义也。人莫大焉亡亲戚、君臣、

清刚立节

君子不会无故受人馈赠，哪怕自己衣不蔽体，食不果腹。明朝有一廉吏王进，为人清廉节俭，离任时行李不多，对百姓所赠物品一概不受。

上下。以其小者信其大者，奚可哉？』

注释

①仲子：即陈仲子，战国时期著名贤士。

译文

孟子说：『陈仲子这个人，要是毫无道理地把个齐国给他，他是不会接受的，人们都相信这件事，其实，这种义是等于放弃一筐饭一碗汤的义。人的罪过再没有什么比不要父兄君臣尊卑更大的了，（而仲子便正是犯有这种罪过。）又怎能可以因为他有这点廉洁的表现便相信他的大节操呢？』

原文

桃应①问曰：『舜为天子，皋陶为士，瞽瞍杀人，则如之何？』

孟子曰：『执之而已矣。』

『然则舜不禁与？』

曰：『夫舜恶得而禁之？夫有所受之也。』

『然则舜如之何？』

曰：『舜视弃天下犹弃敝蹝也。窃负而逃，遵海滨而处，终身䜣然，乐而忘天下。』

注释

①桃应：孟子的学生。

译文

桃应问道：『舜做天子，皋陶当法官，假定瞽瞍杀了人，那该怎么办？』

孟子说：『那就只有把他抓起来了。』

『那么舜不会出来阻止么？』

答道：『舜怎么能出来阻止呢？（皋陶所执行的法）是有所传授的，（又怎敢徇私枉法呢？）』

『那么舜怎么办呢？』

答道：『舜把抛弃天下看做是抛掉一双破鞋一样。他会偷偷地背着犯法的父亲逃走，一路上沿着海边住下来，一辈子高高兴兴地，享受天伦之乐，把曾经做天子享有天下的事情抛在脑后。』

原文

孟子自范[①]之齐，望见齐王之子，喟然叹曰：『居移气，养移体，大哉居乎！夫非尽人之子与？』

孟子曰：『王子宫室、车马、衣服多与人同，而王子若彼者，其居使之然也。况居天下之广居[②]者乎？鲁君之宋，呼于垤泽之门[③]。守者曰：「此非吾君也，何其声之似我君也？」此无他，居相似也。』

注释

①范：齐国地名，故城在今山东范县东南二十里，是魏国与齐国之间的要道。②广居：孟子的『广居』指仁。如《滕文公下》所说：『居天下之广居，立天下之正位。』③垤泽之门：宋国城门。

孟子从范邑到齐国的首都去，远远的看见了齐王的儿子，深有感触地长叹道：『一个人所处的环境改变他的气度，所受的奉养改变他的体魄，环境对人们的影响是多么大啊！他和普通人不都是人的儿子吗？（他为什么会显得这样与众不同？）』

孟子接下去又说：『王子的住房、车马、衣服多半跟别人的几乎一样，可王子却显示出那样不凡的气魄，这就是由于他所处的环境使他变得这样的缘故；（王宫的环境尚且能使他变得这样与众不同，）何况处在天下最广阔的环境——仁——中的人呢？鲁君有一次到宋国去，去宋国垤泽的城门下下吆喝，守门的人说：「这不是我们的君主，为什么他的声音这样像我们的君主呢？」这没有别的原因，只是因为他们所处的环境相似。』

孟子曰：『食而弗爱，豕交之也；爱而不敬，兽畜之也。恭敬者，币之未将者也。恭敬而无实，君子不可虚拘。』

孟子说：『对于贤人只知奉养而不爱，那就跟把他当成猪一样接待差不多，光知爱而不知尊敬，那就等于把他当成兽类一样豢养着。恭敬之心，是应在送礼物之前就具备了的。徒有恭敬的形式（而没有恭敬的实质），君子是不会被这种虚假的礼仪所留住的。』

原文

孟子曰：『形色，天性也；惟圣人然后可以践形。』

译文

孟子说：『人的形体容貌，都是秉自然之理而生成的，这就是所谓天性；只有圣人才能尽这种自然之理，使天生的形体更加充实完美，无愧于天性。』

原文

齐宣王欲短丧。公孙丑曰：『为期之丧，犹愈于已乎？』

孟子曰：『是犹或紾其兄之臂，子谓之姑徐徐云尔，亦教之孝弟而已矣。』王子有其母死者，其傅为之请数月之丧[1]。公孙丑曰：『若此者何如也？』

曰：『是欲终之而不可得也。虽加一日愈于已，谓夫莫之禁而弗为者也。』

注释

①数月之丧：据《仪礼·丧服记》，王子在母亲（诸侯之妾）死后，因父亲还在，不必服丧，只在下葬时穿穿麻衣而已，因此『数月之丧』也就不是短丧了。

译文

齐宣王想缩短丧礼规定的守孝时间，通过公孙丑问孟子道：『父母死后守孝一周年，还是比完全不守孝更强些吧？』

孟子说：『这就像有个人扭他哥哥的胳膊，你对他说暂且慢慢儿扭吧，（这又有什么用呢？）也只有

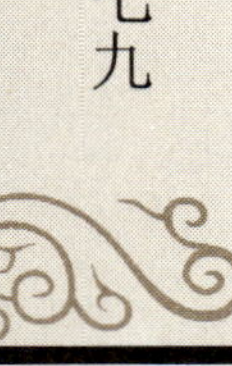

屈原

腹有诗书气自华。人的形体容貌自然生成，没法改变，但是后天的修炼可以让人形体完美，气质升华。所谓谦谦君子，温润如玉，即是此理。

拿孝敬父母尊敬兄长的道理教育他好了。』

王子中有个他的母亲去世了，他的老师替他请求（为他死去母亲）守几个月的孝。公孙丑（就这件事）问孟子道：『像这样的事该怎么样呢？』

答道：『这个是这位王子想守完三年的孝（而又受到丧礼的限制）不可能做到的。（我上次所说的）那怕是增加一天守孝的时间也比完全不守孝的好，说的是那些并没有人禁止守孝而自己不去守孝的人。』

原文

孟子曰：『君子之所以教者五：有如时雨化之者，有成德者，有达财者，有答问者，有私淑艾①者。此五者，君子之所以教也。』

注释

①淑：通『叔』，拾取。艾：同『刈』，取。也就是说，淑、艾同义，『私淑艾』也就是『私淑』，意为私下拾取，指不是直接作为学生，而是自己仰慕而私下自学的。这就是所谓『私淑弟子』的意思。

译文

孟子说：『君子用来教育人的方式有五种：有像及时雨那样化

诸葛亮

诸葛亮青年时期正值朝廷衰落，奸臣当道，他虽有满腔抱负却隐居不出，在卧龙岗躬耕自守。待到刘备三顾茅庐之时，他才毅然出山，帮助匡复汉室。

育万物（使得蓬勃生长）的，有帮助培养成优良品德的，有多方诱导发展特有才干使之成材的，有解答学生提出的疑难问题的，有拿自身的品德学问，影响那些不能登门受业的人，使他们通过自修得到成功的。这五种方式，便是君子用来教育人的方式。』

原文

公孙丑曰：『道则高矣，美矣，宜若登天然，似不可及也。何不使彼为可几及而日孳孳也？』

孟子曰：『大匠不为拙工改废绳墨，羿不为拙射变其彀率。君子引而不发，跃如也。中道而立，能者从之。』

译文

公孙丑说：『道可说是高了，美了，可就是好像登天一般，似乎有点高不可攀，怎不使它变得可以接近，以便别人每日用功去钻求的呢？』

孟子说：『高明的木匠不会因为笨拙的徒工而改变或是抛弃操作时必不可少的墨线，善射箭的羿也不会因为学射人的笨拙而改变要求弯弓时所应达到的限度。君子（教人，正像射手教射箭一般，）搭上箭拉满弓，并不把箭发出去，只是（示范性地）做出跃跃欲试的姿势。他立下一个合于中庸之道、不难也不易的学习准则，能接受这个准则的就跟上去。』

原文

孟子曰：『天下有道，以道殉身；天下无道，以身殉道。未闻以道殉乎人者也。』

译文

孟子说：『天下要是走了上正道便能随从贤者本身的被信任而得以施行；天下要是离开正道，贤者本身便随着道的不能施行而隐居起来；我没有听说过为了逢迎王侯而歪曲甚至破坏正道的。』

原文

公都子曰：『滕更①之在门也，若在所礼，而不答，何也？』

孟子曰：『挟贵而问，挟贤而问，挟长而问，挟有勋劳而问，挟故而问，皆所不答也。滕更有二焉。』

注释

①滕更：滕国国君的弟弟，曾就学于孟子。

译文

公都子说：『滕更在您门下学习，似乎应摆在以礼相待的人的行列，您却不回答他的发问，这是什么原因呢？』

孟子说：『仗着自己的权位高来发问，仗着自己有点才干名气来发问，仗着自己年纪比人家大几岁来发问，仗着自己是有功之臣来发问，仗着自己与人家有点老交情来发问，所有这些都是我不予回答的。滕更这个人（在五条里面）犯了两条（按指「挟贵」、「挟贤」）。』

原文

孟子曰：『于不可已而已者，无所不已。于所厚者薄，无所不薄也。其进锐者，其退速。』

译文

孟子说：『对于不当废弃（或罢黜）的人却废弃了，那就没有什么人不可以废弃了。对于应当厚待的人却薄待了，那就没有什么人不可以薄待了。那些进用太突然了的人，他被罢退也一定会十分快的。』

原文

孟子曰：『君子之于物也，爱之而弗仁；于民也，仁之而弗亲。亲亲而仁民，仁民而爱物。』

译文

孟子说：『君子对待（草木禽兽等）万物，爱惜它们却不施给仁德；对于百姓，施给仁德却并不亲爱。君子亲爱自己的亲人，推而施仁德于百姓；对百姓施给仁德，推而爱惜万物。』

原文

孟子曰：『知者无不知也，当务之为急；仁者无不爱也，急亲贤之为务。尧舜之知而不遍物，急先务也；尧舜之仁不遍爱人，急亲贤也。不能三年之丧，而缌[①]、小功[②]之察；放饭流歠，而问无齿决，是之谓不知务。』

注释

①缌：细麻布，这里代指服丧三个月的孝服，穿这种孝服只服丧三个月，是五种孝服中最轻的一种，如女婿为岳父母服孝就用这种。古代丧服分为斩衰、齐衰、大功、小功、缌麻五个等级，服丧期相应分为三年、一年、九个月、五个月、三个月这五等。②小功：服丧五个月的孝服，是五种孝服中次轻

的一种，如外孙为外祖父母服孝就用这种。

孟子说：『智者本来应无所不知，但一定先急于处理好当前第一位的工作；仁者本应无所不爱，但必须把亲近贤人当作惟一的急务。尧舜的智慧虽高，却不可能知道一切事物，因为他们得急于知道当前首要的任务；尧舜的仁德虽大，却不可能爱所有的人，因为他们得急于亲近贤人。譬如一个人不能执行三年的丧礼，而对缌麻和小功这样三、五个月较轻的丧礼却过分讲究；自己跟长辈同席、毫无礼貌，竟然大口大口地吃饭、喝汤，却要责备别人吃湿肉时怎么用手去撕开而不用牙齿去啃断它，这就叫做不识大体。』

尽心章句下

孟子曰：『不仁哉梁惠王也！仁者以其所爱，及其所不爱，不仁者以其所不爱，及其所爱。』

公孙丑曰：『何谓也？』

『梁惠王以土地之故，糜烂其民而战之，大败，将复之，恐不能胜，故驱其所爱子弟以殉之，是之谓以其所不爱，及其所爱也。』

孟子说：『梁惠王委实太不仁道了啊！一个仁德的人会把他施加于所爱的人的恩泽推及到他所不爱的人的身上，（相反，）一个不仁德人却会拿他施加于他所不爱的人的荼毒连累到他所心爱的人。』

公孙丑听了，问道：『这话怎么讲呢？』

答道：『梁惠王为了扩张土地的缘故，把他所不爱的百姓投入战争的血海，使他们弃尸原野，肝脑涂地。吃了大败仗后，又想卷土重来，却担心百姓不肯替他卖命，所以不惜驱使他所心爱的子弟上战场去送死，这便叫做用他施加于他所不爱的人的荼毒连累到他所心爱的人。』

原文

孟子曰：『《春秋》无义战。彼善于此，则有之矣。征者，上伐下也，敌国不相征也。』

译文

孟子说：『春秋那个时代几乎没有合乎义的战争，（相对而言，）那次战争比这次战争好一点（的情况），

就还是有的。（为什么说春秋没有合乎义的战争呢？因为）征讨这个词，是指上面的天子讨伐下面违反王命的诸侯，地位相等的国家是不得互相征伐的。』

孟子曰：『尽信《书》，则不如无《书》。吾于《武成》①，取二三策而已矣。仁人无敌于天下，以至仁伐至不仁，而何其血之流杵也？』

注释

①《武成》：《尚书》篇名，早已亡佚。现存《武成》篇是后人伪作。东汉王充《论衡·艺增》上说：『夫《武成》之篇，言武王伐纣，血流浮杵，助战者多，故至血流如此。』

孟子说：『全部相信《书》，就还不如没有《书》的好。我对于《武成》这篇文章，只不过采用它两三段文字罢了。一个仁德的人在天下是没有敌手的，以周武王这样天下极其仁爱的贤君去讨伐商纣那样最不仁爱的暴君，（义师所到的地方，备受百姓的欢迎，）又怎么会发生血流成河，连舂米的大木棒都给漂走的事呢？』

原文

孟子曰：『有人曰：「我善为阵，我善为战。」大罪也。国君好仁，天下无敌焉。南面而征，北夷怨；东面而征，西夷怨，曰：「奚为后我？」武王之伐殷也，革车三百两，虎贲三千人。王曰：「无畏！宁尔也，非敌百姓也。」若崩厥角，稽首。征之为言正也，各欲正己也，焉用战？』

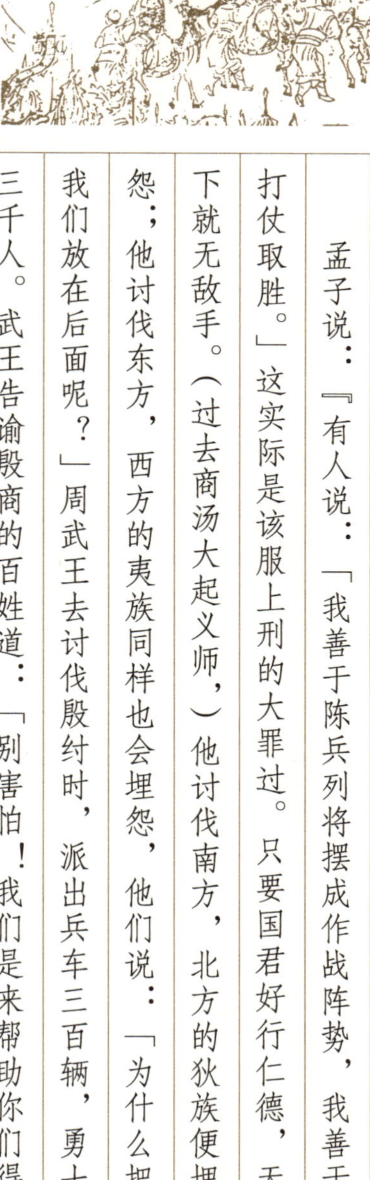

承天门闯王射箭

中国历史上农民起义之事很多，李自成的农民起义军所到之处，都非常受民众的欢迎。李自成进京后，在承天门射匾额上的『天』字，以壮声威，惜未中。

译文

孟子说：『有人说：「我善于陈兵列将摆成作战阵势，我善于打仗取胜。」这实际是该服上刑的大罪过。只要国君好行仁德，天下就无敌手。（过去商汤大起义师，）他讨伐南方，北方的狄族便埋怨；他讨伐东方，西方的夷族同样也会埋怨，他们说：「为什么把我们放在后面呢？」周武王去讨伐殷纣时，派出兵车三百辆，勇士三千人。武王告谕殷商的百姓道：「别害怕！我们是来帮助你们得到安定生活的，不是来跟你们百姓作对的。」百姓们听了一齐伏在地上把额角碰着地面叩起头来，登时像山岳崩塌似地一片阶响。征这个字含有正的意思，被暴君压榨虐待的各国百姓都巴望武王来匡正自己的国家，怎么还用得着战争呢？』

原文

孟子曰：『梓、匠、轮、舆能与人规矩，不能使人巧。』

译文

孟子说：『木匠车工能够把规矩法度传授给别人，但却不能保证别人必然获得高明熟练的技巧，（那是得靠学者自己从不断的钻研中去心领神会的。）』

原文

孟子曰：『舜之饭糗，茹草也，若将终身焉；及其为天子也，被袗衣，鼓琴，二女果，若固有之。』

译文

孟子说：『舜当年吃干粮啃野菜的时候，好像准备一辈子这样过下去；等到他做了天子，身着细葛布衣服，弹着琴，尧的两个女儿侍候他，又好像本来他就具有这些生活条件似的（一点异样的感觉都没有）。』

原文

孟子曰：『吾今而后知杀人亲之重也：杀人之父，人亦杀其父；杀人之兄，人亦杀其兄。然则非自杀之也？一间耳。』

译文

孟子说：『我从今以后才知道杀害别人的亲属关系的重大：一人杀了别人的父亲，他的父亲也会被人杀；杀了别人的哥哥，他的哥哥也会被人杀害。这样难道不就等于自己杀死自己的父兄么？只不过中间隔了一个人罢了。』

原文

孟子曰：『古之为关也，将以御暴；今之为关也，将以为暴。』

译文

孟子说：『古时候设立关卡，是准备用来（稽查奸人出入，）防止发生暴乱；现在设立关卡，却是准备用来（征收赋税，）推行暴政。』

孟子曰：『身不行道，不行于妻子；使人不以道，不能行于妻子。』

译文

孟子说：『一个从政的人如果自己行事都不遵照正道，那么正道就连在他的妻子、儿女身上也行不通，（更谈不上要求别人了；）如果他不按道理去支使人，那么就连他的妻子、儿女也支使不动，（更谈不上支使别人了。）』

孟子曰：『周于利者凶年不能杀，周于德者邪世不能乱。』

孟子说：『平时积蓄财物富足的人，那怕是灾荒年岁也不能让他穷困，平时积德厚的人，那怕是乱世也不能让他迷失方向。』

孟子曰：『好名之人能让千乘之国，苟非其人，箪食豆羹见于色。』

译文

孟子说：『那些珍惜不朽之名的人，能够把可出兵车千乘的国家让给贤人，但是，如果不是那种应该受让的对象，那怕是让给一筐饭、一碗汤，他心里的不满也会在脸色上表现出来的。』

孟子曰：『不信仁贤，则国空虚；无礼义，则上下乱；无政事，则财用不足。』

孟子说：『不信任有仁德有才干的人，国家就会显得空虚无人；国家没有礼义来定尊卑地位，上下的关系便要出现一片混乱；没有好的政治（来保障生产的正常进行，赋税的合理征收，）国家的财政收支便要感到不足。』

孟子曰：『不仁而得国者，有之矣；不仁而得天下者，未之有也。』

译文

孟子说：『不行仁德却能得到一个国家，这样的事是有的；不行仁德却能得到整个天下，这样的事是自古就无的。』

孟子曰：『民为贵，社稷次之，君为轻。是故得乎丘民而为天子，得乎天子为诸侯，得乎诸侯为大夫。诸侯危社稷，则变置。牺牲既成，粢盛既洁，祭祀以时，然而旱乾水溢，则变置社稷。』

孟子说：『（在天下或一个国家里，）百姓是最重要的，其次便是社稷，君主要算较轻的了。所以得到民众拥护的便可以做天子，得到天子信任的便可以做诸侯，得到诸侯信任的便可以做大夫。诸侯要是危害国家，便得废掉他改立别的人。要是祭祀用的牲口（指牛、羊、猪）已是肥大合乎标准，盛在祭器中的黍稷也已弄得清清洁洁，祭祀又是按时进行，可是百姓还是逃脱不了要遭受旱灾和水灾，那就得另外改立土谷之神了。』

原文

孟子曰：『圣人，百世之师也，伯夷、柳下惠是也。故闻伯夷之风者，顽夫廉，懦夫有立志；闻柳下惠之风者，薄夫敦，鄙夫宽。奋乎百世之上，百世之下，闻者莫不兴起也。非圣人而能若是乎？而况于亲炙之者乎？』

译文

孟子说：『圣人是百代人的老师，伯夷和柳下惠便正是这样的人。所以在那些听到伯夷的风格和操守的人当中，即使是贪婪的人也变得廉洁了，懦弱的人也变得意志坚强了；在那些听到柳下惠的风格和操守的人当中，即使是刻薄成性的人也变得厚道了，胸襟狭隘的人也变得宽宏大度了。他们在百代之前奋发有为，百代之后，听到他们事迹的人没有不为之感奋振作的。不是圣人能够做到这样吗？——更何况对于那些同时代亲受他们熏陶的人呢？』

孟子曰：『仁也者，人也。合而言之，道也。』

译文

孟子说：『「仁」这个字的含义就是「人」，把「仁」和「人」合并起来讲，就是道。』

孟子曰：『孔子之去鲁，曰：「迟迟吾行也。」去父母国之道也。去齐，接淅而行，去他国之道也。』

译文

孟子说：『孔子离开鲁国时，说：「我们慢慢地走吧。」这是告别祖国（应采取）的态度。离开齐国时，把正在淘的米漉干了就走。这是离开别国（所应采取）的态度。』

原文

孟子曰：『君子之厄于陈蔡之间①，无上下之交也。』

注释

①君子之厄于陈蔡之间：君子，指孔子。厄，穷困，灾难。据《史记·孔子世家》记载，（哀公四年）楚使人聘孔子，孔子将往，而陈、蔡两国大夫担心孔子被楚任用后对他们不利，于是派徒役包围孔子，致使孔子和他的弟子断粮多日，饿得爬不起来。『厄于陈蔡之间』即指此事。

译文

孟子说：『孔子在陈蔡之间被围困了，以至挨饿，就由于（陈蔡的君臣都坏，）孔子和他们上下都没有交往的原因。』

貉稽曰：『稽大不理于口。』

孟子曰：『无伤也。士憎兹多口。《诗》云：「忧心悄悄，愠于群小。」孔子也。「肆不殄厥愠，亦不殒厥问。」』

文王也。』

译文

貉稽说：『我现在大大地被人们所讥讽。』

孟子说：『这没啥关系。（本来嘛，）士人最讨厌这种多嘴多舌。《诗》里说：「我满怀忧心沉甸甸，得罪宵小一大串。」孔子的遭遇便正是这样。《诗》又说：「今虽不能消除别人的怨恨，但也不会贬损自己的声名。」说的就是周文王。』

原文

孟子曰：『贤者以其昭昭使人昭昭，今以其昏昏使人昭昭。』

译文

孟子说：『贤明的人教人，凭着自己的透彻明了，帮助别人也透彻明了；现在那些教人的人，就凭自己糊里糊涂的头脑，却要让别人透彻明了。』

原文

孟子谓高子[1]曰：『山径之蹊，间介然用之而成路；为间不用，则茅塞之矣。今茅塞子之心矣。』

注释

①高子：齐国人，孟子的学生。

译文

孟子对高子说：『山坡上那些野兽走过的地方，如果人们持续地在上面走着因而便成了路；只要隔一会儿不去走，茅草就会将它塞掉。现在你的心也给茅草塞掉了。』

高子曰：『禹之声尚文王之声。』

孟子曰：『何以言之？』

曰：『以追蠡。』

曰：『是奚足哉？城门之轨，两马之力与？』

译文

高子说：『禹的音乐超过文王的音乐。』

孟子说：『为什么这样讲呢？』

高子答道：『就因为禹传下来的钟钮像虫咬得快要断了一般。』

孟子说：『这又何足为证呢？城门车轮驶过的辙迹那样深，难道是两匹拉车的马的力量吗？（这是由于天长日久车马经过多的原因。同样，禹的钟钮快要断了，也是因为天长日久的关系啊。）』

齐饥。陈臻曰：『国人皆以夫子将复为发棠①，殆不可复。』

孟子曰：『是为冯妇也。晋人有冯妇者，善搏虎，卒为善士。则之野，有众逐虎。虎负嵎，莫之敢撄。望见冯妇，趋而迎之。冯妇攘臂下车，众皆悦之，其为士者笑之。』

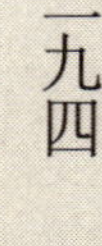

注释

①棠：地名，在今山东即墨南。过去齐国灾荒时，孟子曾劝过齐君开棠地粮仓赈济灾民，所以有此说。

译文

齐国闹饥荒。陈臻说：『国里的人都以为您老师又会替大家请求齐王打开棠乡的仓库来赈济百姓，恐怕不便再这样做吧。』

孟子说：『（如果再这么做，）这就成了冯妇了。晋国有个名叫冯妇的人，善于打老虎，后来成了善士，（便放弃了打虎这门活）。有次他到野外去，碰上大伙追赶一只老虎，老虎背靠着山角（进行顽抗），没有谁敢去碰它一下；大家远远望见了冯妇，便一齐跑上去迎接他。冯妇挽起袖子，挥舞胳膊走下车来。大伙都喜欢他，可那些士人却嘲笑他。』

原文

孟子曰：『口之于味也，目之于色也，耳之于声也，鼻之于臭也，四肢之于安佚也，性也，有命焉，君子不谓性也。仁之于父子也，义之于君臣也，礼之于宾主也，知之于贤者也，圣人之于天道也，命也，有性焉，君子不谓命也。』

译文

孟子说：『口喜欢美味，眼睛喜欢美色，耳朵喜欢好听的声音，鼻子喜欢芳香的气味，四肢喜欢舒适，都是天性的嗜好；可是（能否都称心如意地得到它们，）这中间又有个命运好坏的问题，所以君子就不认为它们是性情所定，（不加强求。）仁对于父子，义对于君臣，礼对于宾主，知对于贤者，圣人对于天道，它们能否一一各得其宜，这是属于命运的问题；但却又是性情所定，所以君子不把它们看成是命运的安排，（以便尽力而为，希望性情所定的东西都能见诸实行。）』

原文

浩生不害[1]问曰：『乐正子何人也？』

孟子曰：『善人也，信人也。』

『何谓善？何谓信？』

曰：『可欲之谓善，有诸己之谓信，充实之谓美，充实而有光辉之谓大，大而化之之谓圣，圣而不可知之之谓神。乐正子，二之中、四之下也。』

注释

①浩生不害：人名，该人姓浩生，名不害，齐国人。

译文

浩生不害问道：『乐正子是个什么样的人？』

孟子说：『乐正子是个好人，是个实实在在的人。』

『何谓作好？何谓作实实在在？』

答道：『一个人使人觉得他可爱便叫做好；他自己的确有那些值得人爱的优点便叫做实实在在；那些优点确乎充实于他本身便叫做「美」；不止是充实，而且表现出光辉灿烂便叫做「大」；不但是大，而且融化为一体，找不出使它大的痕迹，便叫做「圣」；圣人德广，以至到了神妙不可测度的境界，便叫做「神」。

乐正子正是处在好和实实在在二者的中间和「美」、「大」、「圣」、「神」四者的下面。』

原文

孟子曰：『逃墨必归于杨，逃杨必归于儒。归，斯受之而已矣。今之与杨、墨辩者，如追放豚，既入其苙，又从而招之。』

译文

孟子说：『脱离墨子一派的人一定会归到杨朱那一派去，脱离杨朱一派的人一定会归到儒家学派这边。既然归到这边了，就接受他算了。现在那些跟杨墨两派展开论争的人，就像是追回丢掉了的猪一样，已经赶进猪圈里了，还要用绳子绊住它们的脚，（以免再走失，这似乎太过分了点。）』

原文

孟子曰：『有布缕之征，粟米之征，力役之征。君子用其一，缓其二。用其二而民有殍，用其三而父子离。』

译文

孟子说：『（国家赋役的种类：）有征收布帛的，有征收粮食的，还有征发人力的。君子（对于这三种赋役，分期更换使用，）使用

隋炀帝剪彩为花

诸侯、君王的权势需要人民来支持，但是许多只顾享乐，不顾人民的死活。隋炀帝尤甚，他杀父兄篡位，当权后又暴虐无道，对民众横征暴敛。冬日剪彩纸贴树，作为花朵，穷奢极欲，故而各地民众纷纷起义，而隋炀帝自己也被臣子杀害。

一种，其他两种便暂缓使用。如果两种赋役同时使用，百姓便会有因此而饿死的，假如三种赋役同时使用，那（天下就要礼崩乐坏）父亲和儿子这样的至亲骨肉之间，彼此也将各不能相顾了。』

原文

孟子曰：『诸侯之宝三：土地、人民、政事。宝珠玉者，殃必及身。』

译文

孟子说：『诸侯的宝贝有三件：土地、百姓、政治。（不重上面三件宝贝，）却把珍珠美玉看做宝贝的人，祸灾就一定会降到他身上。』

原文

盆成括[①]仕于齐，孟子曰：『死矣盆成括！』

盆成括见杀，门人问曰：『夫子何以知其将见杀？』

曰：『其为人也小有才，未闻君子之大道也，则足以杀其躯而已矣。』

注释

①盆成括：姓盆成，名括。

译文

盆成括在齐国做官，孟子知道后说：『盆成括要死了啊！』

后来盆成括真的被杀，学生问道：『老师您怎么知道他会被杀？』

答道：『他的为人有点儿小聪明，但不懂君子的大道，那就足以祸害他自身了。』

原文

孟子之滕，馆于上宫[①]。有业屦于牖上，馆人求之弗得。或问之曰：『若是乎从者之廋也？』

曰：『子以是为窃屦来与？』

曰：『殆非也。夫子之设科也，往者不追，来者不距。苟以是心至，斯受之而已矣。』

注释

①上宫：孟子在滕国讲学的地方。

译文

孟子到滕国，住在上宫。有一双还没有织完的草鞋搁在窗子上，客馆的人遍处寻找没有找到。有的人便问孟子道：『跟随您的人怎么这样随便把人家的东西藏起来呢？』

孟子反问道：『你以为这些人是为偷草鞋才来的吗？』

答道：『大约不是吧。不过，您开馆设置课程，接受学生，离去的并不追问，进来的也不拒绝。只要他们真的是抱着这种向学的心而来，这就只有把他们接受下来（当然就难保没有染上坏习气的人混进来）。』

原文

孟子曰：『人皆有所不忍，达之于其所忍，仁也；人皆有所不为，达之于其所为，义也。人能充无欲害人之心，而仁不可胜用也；人能充无穿逾之心，而义不可胜用也；人能充无受尔汝[①]之实，无所往而不为义也。士未可以言而言，是以言餂之也；可以言而不言，是以不言餂之也。是皆穿逾之类也。』

注释

①尔汝：尔、汝，都是第二人称代词，古代尊长称呼卑幼时如果用平辈之间的用称呼，则是对对方的轻视。

译文

孟子说：『每个人都有他所不忍心做的事，只要他能将它扩充到他所忍心做的事上，（因而停止再做他所忍心做的事，）便是仁；每个人都有他所不愿做的事，只要他能将它扩充到他所愿做的事上，（因而停止再做他所愿做的事，）就是义。（也就是说，）只要人们能够扩充他那种不愿害人的心，那么他的仁便用不尽了；只要人们能够扩充那种不挖洞跳墙（也即是盗窃）的心，那么他的义便用不尽了。只要人们能够扩充那种不受轻蔑的实际言行，那么他就不管到哪里都再没有不合于义的了。对于一个士人本来不可以跟他攀谈却故意去攀谈，这就是用言语去诱惑他而自己便于从中取利；可以跟他攀谈却故意不去攀谈，这就是用沉默去诱惑他而自己便于从中取利，这些都是属于挖洞跳墙一类的行为。』

原文

孟子曰：『**言近而指远者，善言也；守约而施博者，善道也。君子之言也，不下带①而道存焉；君子之守，修其身而天下平。人病舍其田而芸人之田，所求于人者重，而所以自任者轻。**』

注释

①带：束腰的带子。古人视不下带，即只视带之上。此处比喻注意眼前常见之事。

敛财侈费

玄宗早期比较节俭，不铺张浪费，晚年虽一度沉迷酒色，但终能反省。

孟子说：『说的是近事而指的却是深远的道理，这可说是很好的语言；所操持的极其简要而德泽影响却非常广，这可以说是很好的方法。君子所说的，虽只是正心的事，可是治国平天下的大道理却就在这中间；君子所操持的，虽只是修身的事，却能使天下都得到太平。普通人的毛病就在于放下自己的田不耘，却去耕耘别人的田——责求于别人的很苛重，而拿来挑在自己肩上的担子却很轻。』

原文

孟子曰：『尧舜，性者也；汤武，反之也。动容周旋中礼者，盛德之至也。哭死而哀，非为生者也。经德不回，非以干禄也。言语必信，非以正行也。君子行法，以俟命而已矣。』

孟子说：『尧舜的仁德，只是按他们的本性行事；汤武的仁德，却是经过修身力行，然后回复到天然的本性。动作容貌细微曲折没有不自然合于礼的，这是前代圣贤的美德登峰造极的表现。痛伤死者而哭得悲哀，（纯系出于至情，）不是为了做给生者看的。按照道德行事，不搞歪门邪道，并不是想以此求得个一官半职。说话一定

守信用，也不是为了要博取一个方正的名声。君子（没有别的，）只不过是行为遵循法度，以等待命运的安排罢了。』

孟子曰：『**说大人，则藐之，勿视其巍巍然。堂高数仞，榱题数尺，我得志，弗为也。食前方丈，侍妾数百人，我得志，弗为也。般乐饮酒，驱骋田猎，后车千乘，我得志，弗为也。在彼者，皆我所不为也；在我者，皆古之制也，吾何畏彼哉？**』

孟子说：『凡是去游说达官贵人，就先要轻视他们，别把他们一时的显赫看得了不起。他们的殿堂阶基几丈高，屋檐几尺宽，我得了志，就不会这样做。他们吃饭时，好菜好酒摆满了前面方丈宽的地方，侍候两旁的姬妾多达几百人，我得了志，就不会这样做。他们天天饮酒作乐，跑马打猎，一千多辆车子跟在屁股后面跑，我得了志，就不会这样做。凡是他们的那些腐化享乐的事，都是我所不做的；凡是我所做的，都能合乎古代制度的规定，我为什么要畏惧他们呢？』

孟子曰：『**养心莫善于寡欲。其为人也寡欲，虽有不存焉者，寡矣；其为人也多欲，虽有存焉者，寡矣。**』

孟子说：『养心的方法没有比尽量减少物质欲望更好了。那些平素物质欲望少的人中间，尽管也有失去本心（也即天生的善性）的，但是为数却很少；那些平素物质欲望多的人中间，尽管也有能保存他的本

心的，但是为数也很少。』

原文

曾皙嗜羊枣[①]，而曾子不忍食羊枣。公孙丑问曰：『脍炙[②]与羊枣孰美？』

孟子曰：『脍炙哉！』

公孙丑曰：『然则曾子何为食脍炙而不食羊枣？』

曰：『脍炙所同也，羊枣所独也。讳名不讳姓，姓所同也，名所独也。』

注释

①羊枣：即黑枣，因形状色泽似羊屎，故称羊枣。②脍炙：烤肉，是古时美味的食品。

译文

从前曾皙非常喜爱吃羊枣，因而曾子不忍吃羊枣。公孙丑问道：『细切熟肉跟羊枣哪一种更好吃？』

孟子答道：『当然是细切熟肉嘛！』

公孙丑说：『那么，曾子为啥吃细切熟肉却不吃羊枣呢？』

孟子答道：『细切熟肉是人们所同爱吃的，羊枣却是（曾皙）所

老子

清心寡欲才更能保持个人的操守，一个人若是欲望太多，很容易迷失自己。老子就极力提倡清静无欲的生活，认为这样才能不为外物所累。

单独爱吃的。这跟人们对于父母君上避名不避姓是一样的，因为姓是大家共同的，而名却是父母君上所独有的。』

万章问曰：『孔子在陈，曰①：「盍归乎来！吾党之士狂简，进取，不忘其初。」孔子在陈，何思鲁之狂士？』

孟子曰：『孔子「不得中道而与之，必也狂獧乎！狂者进取，獧者有所不为也。」孔子岂不欲中道哉？不可必得，故思其次也。』

『敢问何如斯可谓狂矣？』

曰：『如琴张、曾皙、牧皮②者，孔子之所谓狂矣。』

『何以谓之狂也？』

曰：『其志嘐嘐然，曰：「古之人，古之人！」夷考其行，而不掩焉者也。狂者又不可得，欲得不屑不洁之士而与之，是獧也，是又其次也。孔子曰③：「过我门而不入我室，我不憾焉者，其惟乡原乎！乡原④，德之贼也。」』

注释

①孔子在陈，曰：见《论语·公冶长》，原文为：『子在陈曰：「归与归与！吾党之小子狂简，斐然成章，不知所以裁之」』。②琴张、牧皮：都是人名，身世不详，有人说是孔子的学生。③孔子曰：这段话在《论语·阳货》中只有『子曰：「乡原，德之贼也」』。④乡原：也作『乡愿』。愿，谨慎。乡原指看起来恭谨忠厚，实质上却没有是非原则，苟同世俗，只图博取好名声的人，相当于现在所说的好好先生。

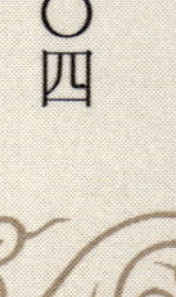

嵇康

嵇康行为疏放，不畏权贵，算得上是狂放之士。

译文

万章问道：『孔子在陈国时说：「为什么不归去呢！我们乡里的学生们不喜欢按照常规行事，志向大口气也就大，一直没有改变他们的老脾气。」孔子在陈国，为什么要念叨着鲁国那些狂放之士呢？』

孟子说：『孔子说过：「得不到不偏不倚合于中行的人而加以奖掖鼓励，如果一定要奖掖鼓励一些人，那就只有狂放之士和狷介之士啊！狂放的人富有进取心，狷介之士有所不为。」孔子难道不想得到不偏不倚合于中行的人吗？但不一定能得到，所以就只好想到次一等的人了。

『请问怎样的人才可被称作狂放之士呢？』

答道：『像琴张、曾皙、牧皮这一类人，就是孔子所称的狂放之士。』

『为什么说他们是狂放之士呢？』

答道：『他们表现出志向大口气也大的样子，口里常是这样嚷着：「古代的人！古代的人！」但考察起他们的行为来，便不能和他们的语言密合无间。狂放之士又不易得到，（孔子）便想找到那

些不屑干肮脏事的人而加以奖掖鼓励，这就是狷介之士，这又是（较狂放之士）次一等的人。孔子说：「经过我的门口，却不进我的屋，而我不感到遗憾的，那恐怕只有那些虚伪透顶的人吧！那些伪善的人，是损害道德的大害虫。」』

原文

曰：『何如斯可谓之乡原矣？』

曰：『「何以是嘐嘐也？言不顾行，行不顾言，则曰：『古之人，古之人。』「行何为踽踽凉凉？生斯世也，为斯世也，善斯可矣。」阉然媚于世也者，是乡原也。』

万子曰：『一乡皆称原人焉，无所往而不为原人，孔子以为德之贼，何哉？』

曰：『非之无举也，刺之无刺也；同乎流俗，合乎污世，居之似忠信，行之似廉洁，众皆悦之，自以为是，而不可与入尧舜之道，故曰「德之贼也」。孔子曰：恶似而非者：恶莠，恐其乱苗也；恶佞，恐其乱义也；恶利口，恐其乱信也；恶郑声，恐其乱乐也；恶紫，恐其乱朱也；恶乡原，恐其乱德也。君子反经而已矣。经正，则庶民兴；庶民兴，斯无邪慝矣。』

译文

问道：『怎样的人才叫做欺世盗名之辈呢？』

答道：『那些欺世盗名之辈讥讽狂放之士和狷介之士说：「干嘛要这样志向高口气大呢？说的不管做的，做的不符合说的，光是叫嚷古代的人呀，古代的人呀。（你们这些狷介的人）为什么把自己弄得这样孤单冷落呢？生在这个世界上，替这个世界上的人做事，混得差不多就可以嘛。」没有灵魂，装出一副

讨好相，好让世上的人都喜欢他，这种人就是所谓好好先生。』

万章说：『全乡的人都称他是好人，他无论到什么地方去都表现为是个好人，孔子却认为他是损害道德的大害虫，这是什么缘故呢？』

答道：『这种人，你要指责他又举不出他什么太大的过错，你要讥讽他又像没有什么可讥讽的，这种人同流合污，平常与人相处好像忠厚老实，做起事来也好像廉洁方正，大家都喜欢他，他自己也沾沾自喜，觉得自己不错，但是与尧舜之道却是格格不入的，所以说是「损害道德的大害虫」。孔子说，最讨厌的是那些外表相似实际却完全是两码事的东西：厌恶那些似苗非苗的狗尾草，为的是怕它混淆了禾苗；讨厌那些有歪才似义非义的人，为的是怕他们混淆了义；厌恶那些能说会道似信非信的人，为的是怕他们混淆了信实；厌恶那些声音复沓过分悦耳的乐曲，为的是怕它混淆了雅乐；厌恶那些似朱非朱的紫色，为的是怕它混淆了红色；讨厌那些似有德非有德的伪善的人，为的是怕他们混淆了道德。所要求于君子的只不过是回到常道上来罢了。常道摆正了位置，百姓们便会积极奋发起来；百姓们积极奋发起来了，就不会有邪恶的事了。』

孟子曰：『由尧舜至于汤，五百有余岁；若禹、皋陶，则见而知之；若汤，则闻而知之。由汤至于文王，五百有余岁，若伊尹、莱朱①，则见而知之；若文王，则闻而知之。由文王至于孔子，五百有余岁，若太公望、散宜生②，则见而知之；若孔子，则闻而知之。由孔子而来至于今，百有余岁，去圣人之世若此其未远也，近圣人之居若此其甚也，然而无有乎尔，则亦无有乎尔③。』

注释

①莱朱：传说是商汤的贤臣，一说就是仲虺，商汤的相。②散宜生：姓散宜，名生，周文王的贤臣。③然而无有乎尔，则亦无有乎尔：朱熹《集注》引林氏的解释认为：前半句『然而无有乎尔』指没有『见而知之』者；后半句『则亦无有乎尔』指五百余岁之后更不会有『闻而知之』者了。因此，是孟子对没有人继承孔子圣人学说的忧虑。

译文

孟子说：『从尧舜到商汤，共经过了五百多年；像禹和皋陶等人，是亲自看见因而才知道尧舜治天下之道的；像商汤，便是经过传闻才知道尧舜治天下之道的。从商汤到文王，也是经过了五百多年，像伊尹、莱朱等人，是亲眼看见并辅助推行的；像文王，便是听到便遵照推行的。从文王到孔子，又大约过了五百多年，像太公望、散宜生等人，是亲自看见因而知道文王治天下之道的，像孔子，便是经过传闻才知道文王治天下之道的。自孔子以来到今天，只一百多年，离开圣人的时代是这样的不远，距离圣人的故乡又是如此的近，可是还没有继承的人，那么以后也就没有继承的人了（这是不能不使人为之担忧的事）。』

《荀子》收录了战国时期思想家荀况的论说文。该书内容丰富，涉及修身、治国问题的方方面面。荀子分析问题深入透彻、严密周详，构成了他博大、完备、精深的思想体系；另外，《荀子》一书中运用了铺陈、排比、比喻等艺术手法，取到了很高的文学成就，是古代说理散文中的精品。

荀子

乱世大儒　堪为帝师

君子舞剑

宝剑锋从磨砺出，同理，为君子者，唯有好学、知学，才能学问通达，行事高明。

劝学

原文

君子曰：学不可以已。青，取之于蓝，而青于蓝；冰，水为之，而寒于水。木直中绳，輮以为轮，其曲中规，虽有槁暴，不复挺者，輮使之然也。故木受绳则直，金就砺则利，君子博学而日参省乎己，则知明而行无过矣。

译文

君子说：学习不可以停滞不前。靛青是从蓼蓝中提取炼制出来的，但是它却比蓼蓝更青；冰是由水变成的，但是它比水更冷。木料笔直得与墨线相吻合，但是把它熏烤可以弯曲，从而做成车轮，它的弯曲度就与圆规画出的圆相吻合，此时，即使木料经受曝晒，它也不能再伸直了，是熏烤弯曲使它变成这样的啊。因此，木料经过墨线的测量才能取直，金属做成的刀剑只有在磨刀石上磨过才能变得锋利无比，君子如果能广泛地学习知识而又能每天自我检查和反省，这样就会聪明智慧，而且行为也不会有过错了。

原文

故不登高山，不知天之高也；不临深谿，不知地之厚也；

不闻先王之遗言，不知学问之大也。干、越、夷、貉之子[①]，生而同声，长而异俗，教使之然也。《诗》曰：『嗟尔君子，无恒安息。靖共尔位，好是正直。神之听之，介尔景福。』神莫大于化道，福莫长于无祸。

注释

①干：同『邗』，春秋时期的一个小国，在今江苏扬州东北，后被吴国灭掉，成为吴国的一个邑，这里代指吴国。

译文

因此，不登上巍峨的山峰，就不知道天有多高；不亲自到深谷，就不知道地有多厚；没有听到前代贤明的君王遗留下来的言论，就不知道学问有多博大。吴、越两国以及夷、貊两族的孩子，出生时啼哭的声音都一样，长大以后，习俗却不一样了，是教化使他们变成这样的啊。《诗经》说：『你们这些君子啊，不要常常贪图安逸。恭谨地对待你们的本职工作，喜欢正直的行为。神灵知道这一切后，就会赐给你莫大的福气。』对于精神修养来说，没有比受到圣贤道德的教化更神圣的了，对于幸福来说，没有比无灾无难更大的幸福了。

原文

吾尝终日而思矣，不如须臾之所学也；吾尝跂而望矣，不如登高之博见也。登高而招，臂非加长也，而见者远；顺风而呼，声非加疾也，而闻者彰。假舆马者，非利足也，而致千里；假舟楫者，非能水也，而绝江河。君子生非异也，善假于物也。

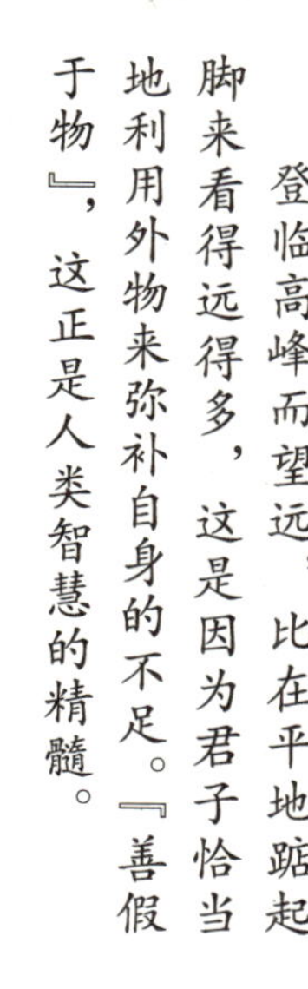

登高而望

登临高峰而望远，比在平地踮起脚来看得远得多，这是因为君子恰当地利用外物来弥补自身的不足。『善假于物』，这正是人类智慧的精髓。

译文

我曾经整天地思考，却不如片刻学习得到的多；我曾经踮起脚跟向远处眺望，却不如登上高处看得广阔。登上高处向别人招手，手臂并没有增长，远处的人却能看到；顺着风向大声呼喊，声音并没有更加洪亮，但是听的人却听得非常清楚。凭借车马而行的人，并不是善长行走，却能到达千里之外的地方；使用船只的人，并不是非常善于游泳，却能渡过大江大河。君子的本性和一般人并没有什么不同，只不过善于凭借、利用外物来提高自己罢了。

原文

南方有鸟焉，名曰蒙鸠①。以羽为巢，而编之以发，系之苇苕②，风至苕折，卵破子死。巢非不完也，所系者然也。西方有木焉，名曰射干③，茎长四寸，生于高山之上，而临百仞之渊。木茎非能长也，所立者然也。蓬生麻中，不扶而直；白沙在涅，与之俱黑④。兰槐之根是为芷⑤，其渐之滫，君子不近，庶人不服。其质非不美也，所渐者然也。故君子居必择乡，游必就士，所以防邪僻而近中正也。

注释

①蒙鸠：即鹪鹩，俗称巧妇鸟，一种毛色呈褐色，体长约三寸的小鸟，常取茅苇羽毛为巢。②苕：指芦苇的嫩条。③射干：又名乌扇，一种多年生草本植物，叶子呈剑形，花为黄褐色，带有红色斑点，果实为蒴果，种子呈黑色，根可入药，有解热、解毒的作用。多生于山崖之间，形似树木，所以荀子称它为『木』，其实是一种草。④白沙在涅，与之俱黑：《集解》本来没有这句话，根据《尚书·洪范》『时人斯其惟皇之极』《正义》引文补。⑤兰槐：香草名，又叫白芷。多年生草本植物，开白花，味香，果实呈椭圆形，根部粗大，呈圆锥形，可以入药，有镇痛的作用。古人称其苗为『兰』，其根为『芷』。

译文

南方有一种叫蒙鸠的鸟，它用自己的羽毛垒巢，还用细毛把窝编起来，然后把它系在芦苇的嫩条上，风吹来的时候，苇条就会被折断，鸟蛋被打破，小鸟被摔死。鸟窝并不是做得不完善，而是窝所系的地方不好造成这样的后果的。西方有一种叫射干的草，茎有四寸长，生长在高山上，下临百仞的深渊。它的茎并不能长到这么长，而是它所处的位置地势高。蓬草生长在大麻中，不用人去扶持也能长得挺直；雪白的沙子混在黑泥中，就和黑泥一起变成了黑色。兰槐的根就是白芷，如果把它浸在人的尿中，君子就不会再靠近它，老百姓也不会再佩带它。它的本质并不是不好，而是浸入人尿里使它变成这样的。所以，君子定居某地时一定要选择好的地方，外出交游时一定要接近有学问的贤人，这是防止自己受到邪恶者的影响并接近于正道的方法。

原文

物类之起，必有所始；荣辱之来，必象其德。肉腐出虫，鱼枯生蠹。怠慢忘身，祸灾乃作。强自取柱，柔自取束。邪秽在身，怨之所构。施薪若一，火就燥也；平地若一，水就湿也。草木畴生，禽兽群焉，物各从其类也。是故质的张而弓矢至焉，林木茂而斧斤至焉，树成荫而众鸟息焉，醯酸而蜹聚焉[①]。故言有召祸也，行有招辱也。君子慎其所立乎！

注释

①蜹：一种小蚊虫，头小，触角粗短，头部的复眼比较明显，翅膀透明，专门吸食人畜的血。这种蚊虫生活在水中。

译文

各种事物的产生，一定有它的原因；人的荣辱的降临必定与他的德行相应。肉腐烂了以后就会生蛆，鱼枯死了以后就会生蛀虫。行为懈怠散漫以至于忘记了自身的职责，灾祸就会发生。质地坚硬的东西自己就会导致自身的折断，质地柔软的东西自然就会导致自身被束缚。自己身上如果存在邪恶污秽的东西，就会成为人们憎恨自己的根源。放在地上的柴草看起来好像一样，但是火总是朝着干燥的柴草燃去；平整的地面看起来好像一样，但是水总是朝着低湿的地方流去。草木总是按照类别聚在一起生长，飞禽走兽总是成群生活在一起，万物总是各自依附于自己的同类。因此，箭靶只要一张设，就会有弓箭向这里射来；森林的树木只要一茂盛，就会有斧头来这里砍伐；树木只要一成荫，就会有群鸟来这里栖息了；醋是酸的，才会有蚊虫汇集到这里。因此，言语有时候会招来灾祸，行为有时候会招来凌辱。君子啊，要小心自己的立身行事！

骐骥一跃

骐骥，即为骏马，骏马奔跃，本比驽马快得多，但若是骐骥只一跃，其距离也不过十步之远，而驽马奔走十天，其距离又何止千里。智者常比庸人学识丰富，无他，但『积累』二字。

原文

积土成山，风雨兴焉；积水成渊，蛟龙生焉；积善成德，而神明自得，圣心备焉。故不积跬步，无以至千里；不积小流，无以成江海。骐骥一跃，不能十步[①]；驽马十驾[②]，功在不舍。锲而舍之，朽木不折；锲而不舍，金石可镂。螾无爪牙之利、筋骨之强，上食埃土，下饮黄泉，用心一也；蟹八跪而二螯，非蛇、蟺之穴无可寄托者，用心躁也。是故无冥冥之志者，无昭昭之明；无惛惛之事者，无赫赫之功。行衢道者不至，事两君者不容。目不能两视而明，耳不能两听而聪。螣蛇[③]无足而飞，鼫鼠五技而穷[④]。《诗》曰：『尸鸠在桑，其子七兮。淑人君子，其仪一兮。其仪一兮，心如结兮。』故君子结于一也。

注释

①步：古时指一步，意思是人在行走时左右脚都向前迈一次的距离，相当于我们现在的两步。②驾：古时马拉车时，把马套上车叫驾，一般都是早上被套上车，晚上被卸掉，所以这里用『驾』指代马车一天的行程。十驾就是套十次车，指十天的行程。③螣蛇：古代传说中的一种能在空中飞翔的神蛇。④鼫鼠是一

种貌似兔子的鼠，据说它有五种技能：能飞，但是不能飞上屋顶；能爬树，但是不能爬到树梢；能游泳，但是渡不过山谷；能挖洞，但是挖出的洞却不能藏身；能奔跑，但是追不上别的动物，所以说它『五技而穷』。

译文

泥土堆积成高山，风雨就会在这里兴起；流水汇集成深潭，蛟龙就会在那里生长；积累善行养成高尚的德行，人就会具备最高的智慧，从而也就会达到圣人的思想境界。因此，不一步两步地走下去，就不能到达千里之外的地方；不汇集细小的溪流，就不能形成大江大河。骏马跳一下，不会超过十步；劣马跑十天也能到达千里之外的地方，它的成功就在于不停下、不放弃。雕刻东西，如果中途就放弃了，把它放在一边，那么，即使是腐烂的木头也不会被折断；如果不停地刻下去，那么，即使是金属和石头也可以被雕成形。蚯蚓既没有锋利的爪牙，也没有强劲的筋骨，但是它上能吃到地上的尘土，下能喝到地下的泉水，这是它用心专一的缘故；螃蟹生有八只脚、两只螯，但是，除了蛇、鳝的洞穴，它不能栖身在别的地方，这是它用心浮躁的缘故。因此，如果没有埋头钻研的志向，就不会有洞察一切的智慧；不能默默专心地工作，就不会取得显著卓越的功绩。在歧路徘徊的人永远都到不了目的地，同时侍奉两个君主的人不能被双方所容忍。眼睛不可能同时把两个东西都看清楚，耳朵不可能同时把两种声音都听明白。螣蛇没有脚却能在空中飞行，鼫鼠怀有五种技能却陷于困窘的处境。《诗经》说：『布谷鸟住在桑树上，喂养它的七只雏鸟。那些善人君子啊，行为要专一。行为专一，其意志就会坚定不移。』因此，君子做事时总是把心志集中在一点上。

原文

昔者瓠巴[①]鼓瑟而流鱼出听，伯牙鼓琴而六马仰秣[②]。故声无小而不闻，行无隐而不形。玉在山而草木润，渊生珠而崖不枯。为善不积邪，安有不闻者乎？

注释

①瓠巴：楚国人，传说他以善于弹瑟而著称。②伯牙：传说是古代善于弹琴的人。六马：古代天子的车驾是用六匹马拉的，这里指拉车的马。

译文

古时候，瓠巴只要一弹瑟，水中游弋的鱼儿都会浮出水面来听；伯牙只要一弹琴，六马都会停止吃草抬起头来听。因此，没有一种声音是小得听不见的，没有一种行动是隐蔽得不露形的。宝玉藏在山中，山上的草木都会得到它的滋润；深潭里长有珍珠，崖岸就不会显得干枯。只做好事、不积累恶行的人，怎么会不闻名于世呢！

原文

学恶乎始？恶乎终？曰：其数则始乎诵经，终乎读《礼》[①]；其义则始乎为士，终乎为圣人。真积力久则入，学至乎没而后止也。

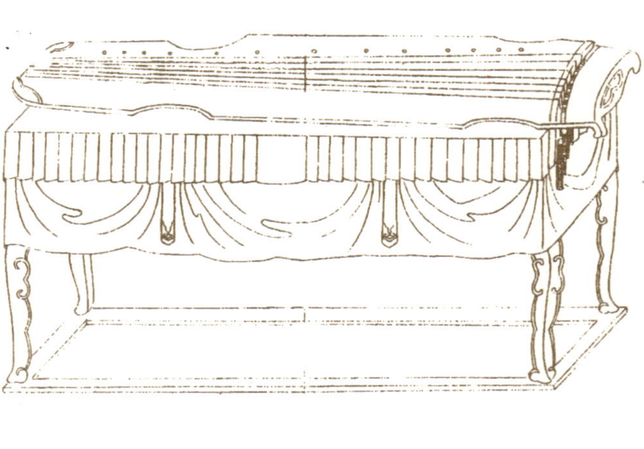

琴

琴在我国古代备受推崇，古人常以琴音比喻德行。伯牙鼓琴而六马仰秣，并非由于声音大，而在于琴音悠扬清雅，连牛马鱼蟹都会欣赏琴声，被美好的东西吸引，更何况万物灵长的人呢？

故学数有终，若其义则不可须臾舍也。为之，人也；舍之，禽兽也。故《书》者，政事之纪也；《诗》者，中声之所止也；《礼》者，法之大分、类之纲纪也。故学至乎《礼》而止矣，夫是之谓道德之极。《礼》之敬文也，《乐》之中和也，《诗》、《书》之博也，《春秋》之微也，在天地之间者毕矣。

注释

①《礼》：指古代经书《仪礼》。

译文

学习从哪里开始？到哪里结束呢？回答说：从学习的科目来说，从诵读《尚书》、《诗经》等经书开始，到阅读《礼经》为止；从学习的意义来说，从做一个读书人开始，到成为圣人为止。真心诚意地积累，长期坚持不懈地努力，这样就能深入学习，一直学到老死的那一天才停下来。因此，从学习的科目来说，学习是有尽头的；但如果从学习的意义来说，学习是片刻也不能停止的。努力学习，就能成为人；放弃学习，就会变成禽兽。《尚书》是政事的记录；《诗经》是和谐的乐声所附着的篇章；《礼经》是行为规范的前提、具体行为准则的总纲。因此，就学习的科目来说，学到《礼经》就到尽头了，这就可以说到达了道德的顶峰。《礼经》所表达的敬重礼仪的思想，《乐经》所记载的和谐悦耳的乐声，《诗经》、《尚书》中所包含的渊博的内容，《春秋》里的微言大义，这些典籍把存在于天地之间的所有道理都囊括了。

原文

君子之学也，入乎耳，箸乎心，布乎四体，形乎动静；端而言，蠕而动，一可以为法则。小人之学也，入乎耳，出乎口。口、耳之间则四寸耳，曷足以美七尺之躯哉？

译文

君子学习，有益的东西要听进耳中，铭记在心中，贯彻到身上，表现在行为举止上；因此，即使他说一句平常的话，缓缓地动一下，都可以成为人们的表率。小人学习，只是从耳朵里进，从嘴里说出来。口、耳之间的距离只不过四寸而已，怎么能够靠它来美化自己七尺长的躯体呢？

原文

古之学者为己，今之学者为人。君子之学也，以美其身；小人之学也，以为禽犊。故不问而告谓之傲，问一而告二谓之囋。傲，非也；囋，非也；君子如响矣。

译文

古人学习是为了提高自己，现在的人学习是为了在别人面前炫耀。君子学习，是为了使自己的身心完美；小人学习，只是想把学问当作家禽、小牛之类的礼物去讨好别人，满足自己的虚荣心。因此，别人没有问自己，而自己就告诉别人是急躁，别人问一件事而自己告诉别人两件事是唠叨。急躁是不对的；唠叨也是不对的；君子回答别人的问题时应该像回声应和原声一样准确简练。

原文

学莫便乎近其人。《礼》、《乐》法而不说，《诗》、《书》故而不切，《春秋》约而不速。方其人之习君子之说，则尊以遍矣，周于世矣。故曰：学莫便乎近其人。

译文

学习的时候，没有比接近贤师更简便有效了。《礼经》、《乐经》记载了法度但是没有详细解说，《诗经》、

舂

舂，是将谷米、药、茶放入石臼或乳钵里用木棒去壳、捣碎。以长戈舂黍，事倍而功半，是不明智的。

《尚书》记载的事件太古老了而不贴近现实，《春秋》文辞简约而难以快速了解。仿效贤师而去学习君子的学说，这样就能培养崇高的品德、获得广博的知识，而且能通晓世事。因此说：学习没有比接近良师益友更简便有效了。

原文

学之经莫速乎好其人，隆礼次之。上不能好其人，下不能隆礼，安特将学杂识志，顺《诗》、《书》而已耳，则末世穷年，不免为陋儒而已！将原先王，本仁义，则礼正其经纬蹊径也。若挈裘领，诎五指而顿之，顺者不可胜数也。不道礼、宪，以《诗》、《书》为之，譬之犹以指测河也，以戈舂黍也，以锥餐壶也，不可以得之矣。故隆礼，虽未明，法士也；不隆礼，虽察辩，散儒也。

译文

就学习的途径来说，没有比心悦诚服地受教于贤师更快捷有效的了，其次才是尊崇礼法。如果上不能对贤师衷心地尊崇，下不能崇尚礼法，仅仅去了解一些杂乱的知识，记诵《诗经》、《尚书》的一些条文，那么，直到老死，也只不过是个学识浅陋的书生而已。如果想要追溯先王道德的根源，寻求仁义的根本所在，那么，尊礼

守法就是那四通八达的正确途径。这就好像人们提起皮衣的领子，然后弯着五个手指去抖动它一样，那无数的裘毛就完全被理顺了。如果不尊礼守法，而只是根据《诗经》、《尚书》中所说的道理来立身行事，就如同用手指去测量河水的深度，用长戈去舂捣黍子，用锥子代替筷子到饭壶中夹饭吃一样，这种做法是不可能达到目的的。因此，崇尚礼法，即使对其精义纲要领会得不够透彻，也不失为一个守法的人；不崇尚礼法，即使通明洞察、善于辩解，也只不过是一个思想散漫的儒生罢了。

原文

问楛者，勿告也；告楛者，勿问也；说楛者，勿听也；有争气者，勿与辩也。故必由其道至，然后接之；非其道则避之。故礼恭，而后可与言道之方；辞顺，而后可与言道之理；色从，而后可与言道之致。故未可与言而言谓之傲，可与言而不言谓之隐，不观气色而言谓之瞽。故君子不傲、不隐、不瞽，谨顺其身。《诗》曰：『匪交匪舒，天子所予。』此之谓也。

译文

如果有人问不合礼法的粗野恶劣之事，就不要回答；如果有人告诉你粗野恶劣之事，不要仔细追问；如果有人谈论粗野恶劣之事，不要去听；如果这个人态度非常蛮横，不要和他争辩。所以说，对方必须是按照道的标准来请教，这样我们才能接待他；如果他的说法或者做法不合乎礼义之道，我们就要回避他。因此，请教的人只有恭敬有礼，我们才可以和他谈论道的宗旨；他的言辞和悦平顺，我们才可以和他谈论道的内容；请教的人只有流露出谦虚顺从的神色，我们才可以和他谈论道的最为精深的意蕴。因此，跟不值得与之交谈的人谈了，叫做急躁；跟值得交谈的人却不交谈，叫做隐瞒；不观察对方的脸色就交谈，叫做盲目。因此，君子不能急躁、不能隐瞒、不能盲目，要谨慎地根据交谈的对象来说话。《诗经》说：『不急躁不怠慢，是天子赞叹的好品质。』这句话所表达的就是这个意思。

脯林酒池

夏桀是夏朝的亡国之君，他宠爱妹喜，建造脯林酒池，荒淫无道，恣意妄为，完全不顾及道德伦理，最终丧国亡身，受到道德法纪的制裁。

原文

百发失一，不足谓善射；千里跬步不至，不足谓善御；伦类不通，仁义不一，不足谓善学。学也者，固学一之也。一出焉，一入焉，涂巷之人也；其善者少，不善者多，桀、纣、盗跖也；全之尽之，然后学者也。

译文

射出一百支箭，只要有一支没有中目标，就不能把这个射手称为善于射箭的人；赶着车马行走一千里的路程，即使差一两步没走完，也不能把这个车夫称为善于驾车的人；对各类伦理规范不能融会贯通，对仁义之道不能坚守如一，就不能把这个人称为善于学习的人。学习本来就应该坚守如一。一会儿学不进去，一会儿学得进去，那是市井中的普通百姓；好的行为少，不好的行为多，那就成了夏桀、商纣、盗跖那样的坏人；全面彻底地了解所学的伦理规范与仁义道德，又完全遵守贯彻它们，然后他才能被称为一个真正的学者。

君子知夫不全不粹之不足以为美也，故诵数以贯之，思索以通之，为其人以处之，除其害者以持养之，使目非是无欲见也，使耳非是无欲闻也，使口非是无欲言也，使心非是无欲虑也。及至其致好之也，目好之五色，耳好之五声，口好之五味，心利之有天下。是故权利不能倾也，群众不能移也，天下不能荡也。生乎由是，死乎由是，夫是之谓德操。德操然后能定，能定然后能应。能定能应，夫是之谓成人。天见其明，地见其光，君子贵其全也。

译文

君子知道学识不全面不精粹是不能够称之为完美。因此，为了融会贯通知识，需要诵读群书；为了领会通晓这些知识，需要思考探索；为了实践这些理论，需要效法良师益友，丢掉自己那些有害的作风来保持学之所得，使自己的眼睛不看那些不应该看的东西，使自己的耳朵不听那些不应该听的东西，使自己的嘴巴不说那些不应该说的话，使自己的心不想那些不应该想的东西。等到了那极其爱好礼义的时候，耳不好五声，所好远甚于五声，眼不好五色，所好远甚于五色，口不好五味，所好无甚于五味，心中所好，则远甚于拥有天下。这样，权势利禄不能够使他屈服，众多百姓不能够使他改变，世间万物不能够使他动摇。活着的时候遵循这种礼义，就是死也是为了遵循这种礼义，这就是德行操守。有了这样的德行操守，然后才能站稳脚跟；能够站稳脚跟，然后才能随机应变。能够站稳脚跟，又能够随机应变，这样就可以称得上成熟完美的人了。上天显现出它的光明，大地显现出它的广阔，君子则非常珍惜自身德行的完美无缺。

修身

原文

见善，修然必以自存也；见不善，愀然必以自省也；善在身，介然必以自好也；不善在身，菑然必以自恶也。故非我而当者，吾师也；是我而当者，吾友也；谄谀我者，吾贼也。故君子隆师而亲友，以致恶其贼；好善无厌，受谏而能诫，虽欲无进，得乎哉？小人反是，致乱，而恶人之非己也；致不肖，而欲人之贤己也；心如虎狼，行如禽兽，而又恶人之贼己也；谄谀者亲，谏争者疏，修正为笑，至忠为贼，虽欲无灭亡，得乎哉？《诗》曰：『噏噏呰呰，亦孔之哀。谋之其臧，则具是违；谋之不臧，则具是依。』此之谓也。

译文

见到美好善良的行为，一定一丝不苟地根据这种行为来对照检查自己，使这些美好的行为也出现在自己身上；见到不好的、丑恶的行为，一定要心怀忧虑地根据这种行为来反省自己；如果自身具有善良的品行，那么一定要坚定不移地珍惜自己；如果自身具有不良的品行，一定要心存羞愧地厌恶自己。因此，对我批评指责得非常恰当的人，就是我的老师；对我夸奖得十分恰当的人，就是我的朋友；对我阿谀奉承的人，就是我的敌人。因此，君子尊崇老师、亲近朋友，而非常憎恨那些奉承自己的敌人；向往美好善良的品行而永不满足，受到别人的规劝就能够引以为戒，这样，即使自己不想取得进步，又怎么可能呢？小人的做法与此正好相反，自己已经胡作非为到极点了，却还憎恨别人责备自己；自己已经非常无能了，却还希望别人把自己当成贤人；自己的心地像虎狼一样狠毒，行为像禽兽一样无耻，却又憎恨别人指出自己的罪恶；对阿谀奉承自己的人就亲近，对规劝批评自己的人就疏远，把纠正自己错误的话当作笑料，把极端

忠诚的规劝当作是对自己的陷害，这样的人即使不想自取灭亡，怎么可能呢？《诗经》说：『胡作非为，诋毁诽谤，这些行为实在令人感到非常悲哀。凡是正确的提议，他全都拒绝；凡事错误的主张，他反而都顺从。』说的就是这种小人。

原文

扁善之度，以治气养生则后彭祖[1]；以修身自强则名配尧、禹。宜于时通，利以处穷，礼信是也。凡用血气、志意、知虑，由礼则治通，不由礼则勃乱提僈；食饮、衣服、居处、动静，由礼则和节，不由礼则触陷生疾；容貌、态度、进退、趋行，由礼则雅，不由礼则夷固僻违，庸众而野。故人无礼则不生，事无礼则不成，国家无礼则不宁。《诗》曰：『礼仪卒度，笑语卒获。』此之谓也。

注释

①彭祖：传说中最长寿的人。

译文

遵循善行的法度，用来调养血气，保养身体，就可以使自己长寿，以至于跻身彭祖之后；用来修身自强，就能使自己的名声和尧、禹相媲美。真正既适宜于顺境，又有利于在逆境中立身处世的是礼义。凡是在血气、意志、思虑等方面遵循礼义的人就能和顺通达，不遵循礼义就会荒谬错乱、松散懈怠；在饮食、衣着、处所、言行举止方面遵循礼义的人就得体合适，不遵循礼义的人就会生病；凡是在容貌、态度、进退、行走等方面遵循礼义的人就能显得温文儒雅，不遵循礼义就显得固执傲慢、庸俗粗野。因此人如果不讲礼义就不能生存，做事不讲礼义就不会成功，国家不讲礼义就不会安定。《诗经》说：『礼仪全都合乎法度，说笑就都会得当。』说的就是这个意思。